Anja Völkel

Quinoa – Korn der Anden

Anja Völkel

QUINOA – KORN DER ANDEN

Kochen und Backen mit dem Korn der Inka
vegetarisch • glutenfrei • gesund

illustriert von Kirsten Maria Peter

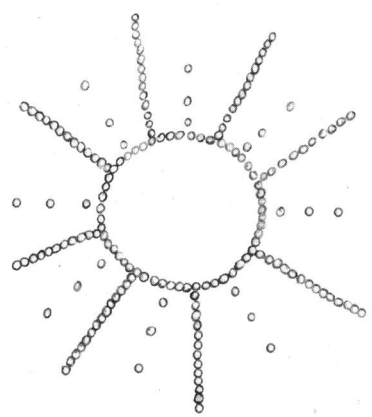

pala verlag

INHALTSVERZEICHNIS

HERZLICHE EINLADUNG 7

ÜBER QUINOA 9

    Geschichte und Anbau von Quinoa.. 9

    Quinoa in der Küche 21

HINWEISE ZU DEN REZEPTEN 24

    Abkürzungen 24

    Glutenfreie Rezepte 24

    Für die Grillrezepte 26

    Welche Sorte Quinoa? 26

    Zur verwendeten Speisestärke 27

    Zum verwendeten Currypulver 27

PROBIEREN UND EXPERIMENTIEREN

Die Basics 28

GUTER START, GUTER TAG

Müsli, Brei und Pausenriegel 36

FRISCH AUFGEGABELT

Bratlinge, Bällchen und Kroketten 48

WIE DAS DUFTET!

Heiß Geliebtes aus dem Ofen 60

LUSTVOLL GENIESSEN

Gutes aus Pfanne und Topf 82

Inhaltsverzeichnis

EIN GLÜCK, DASS ES SIE GIBT!
Suppen und Eintöpfe 104

SONNE IM HERZEN
Salate 116

EINFACH HIMMLISCH
Süßspeisen, Desserts und Naschereien 130

MIT LIEBE GEMACHT
Brot, Kuchen und Gebäck 152

DIE AUTORIN 170

VERZEICHNIS DER REZEPTE 171

HERZLICHE EINLADUNG

Essen ist weit mehr als reine Nahrungsmittelzufuhr. Es ist ein wichtiger Teil unseres Lebens, wenn wir als Familie oder mit dem Partner zusammen einkaufen, kochen und das gemeinsam Zubereitete essen. Wichtig ist auch, zu wissen, was man isst, und sich möglichst ausgewogen und umweltverträglich zu ernähren.

Mit diesem Buch möchte ich Ihnen Quinoa, das Korn der Anden, ein Stück weit näherbringen. Dieses kleine Wunderkorn bietet eine Fülle an gesunden Vitalstoffen für alle Mahlzeiten des Tages. Es lässt sich überaus vielseitig verwenden: Der Lieblingskuchen gelingt damit genauso gut wie Weihnachtsgebäck und leckere Desserts. Oder versuchen Sie frische Salate und Herzhaftes mit Quinoa aus dem Ofen oder vom Grill. Sie werden sehen, wie einfach sich der Speiseplan mit dem kleinen Korn bereichern lässt.

Quinoa ist glutenfrei und ich habe darauf geachtet, dass dies auch für alle anderen Zutaten gilt. Alle Rezepte sind deshalb glutenfrei und damit auch bei Zöliakie und Glutenunverträglichkeit bestens geeignet. Die Rezepte sind vielfach erprobt und auch für Koch- und Backanfänger gut umsetzbar. Wer sich vegan ernährt, kann bei Zutaten tierischen Ursprungs wie Quark, Käse, Milch, Butter oder Sahne vielfach ohne großen Aufwand auf rein pflanzliche Alternativen ausweichen.

Es sind für jeden Anlass Rezeptvorschläge dabei – mal mehr, mal weniger aufwendig – für die schnelle Küche ebenso wie Ideen, die sich zum Verschenken eignen. Lassen Sie sich in die wunderbare Welt der Quinoa entführen und beginnen Sie Ihre kulinarische Reise gleich hier.

Ich wünsche Ihnen viel Spaß beim Nachkochen und Nachbacken!

Ihre

Anja Völkel

Dieses Bild zeigt die mythische Figur Laymlap. Laymlap soll als sagenhafter Herrscher vom Pazifik her kommend das goldene Reich der Sicán-Kultur in der Lambayeque-Region im Gebiet des heutigen Peru gegründet haben. Im Bild trägt König Laymlap eine Quinoapflanze im Arm.

ÜBER QUINOA

GESCHICHTE UND ANBAU VON QUINOA

Quinoa (gesprochen: »kwinoa« oder »kinwa«) ist eine der ältesten Kulturpflanzen der Menschheit. Andere Bezeichnungen sind Reismelde, Reisspinat, Inkareis oder Perureis. Archäologische Gräberfunde im Norden von Chile und in verschiedenen Regionen Perus lassen darauf schließen, dass Quinoa bereits seit Jahrtausenden in den Anden Südamerikas angebaut wird. Das ursprüngliche Anbaugebiet erstreckte sich von Kolumbien im Norden bis Chile im Süden. Zwischen 5000 und 3000 v. Chr. begannen die Menschen mit dem Anbau dieser Körnerpflanze, erstmals vermutlich in der Region am Südufer des Titicacasees in Bolivien und Peru. Dort findet sich auch die größte genetische Vielfalt von Quinoa. Diese Region am größten See Südamerikas, etwa 3800 Meter über NN, gilt auch als Ursprungsgebiet der Kartoffel.

Im Laufe der Jahrtausende entwickelten die Menschen eine große Vielfalt regional angepasster Sorten für unterschiedliche Klimazonen und Höhenlagen: Quinoa gedeiht sowohl in tieferen Regionen als auch in Höhen über 3500 Meter über NN, wo Mais oder Gerste nicht mehr wachsen, bis etwa 4300 Meter über NN. In diesen Höhen lässt sich Quinoa als Grundnahrungsmittel nicht durch Getreide ersetzen und konnte sich deshalb vor allem dort bis heute halten. Die Pflanze kommt mit sauren und salzigen Bodenverhältnissen zurecht und verträgt leichten Frost sowie Dürre, Hitze, intensive Sonneneinstrahlung und große Temperaturunterschiede zwischen Tag und Nacht. Man könnte den Eindruck haben, ein und dieselbe Quinoa wachse überall – in Wirklichkeit sind es mehr als 3000 verschiedene Sorten allein in Bolivien. Manche Sorten eignen sich besonders gut für die Herstellung von Mehl, andere sind besonders eiweißreich, wieder andere haben einen höheren Fettgehalt – so haben die Menschen ihren Bedürfnissen entsprechend Tausende von Sorten gezüchtet und rund um sie eine reiche Kultur entwickelt.

Sowohl in den Längstälern der Anden in Kolumbien und Ecuador als auch im zentralen Hochland von Peru und Bolivien, im subtropischen Hochwald Boliviens und in den Küstenebenen Chiles diente Quinoa als wichtigstes Grundnahrungsmittel nach Mais – Nummer eins vor allem

Über Quinoa

dort, wo Mais aufgrund der Höhe nicht mehr gedeiht. »Chisiya mama«, Mutterkorn, wurde sie aufgrund ihres hohen Nährwertes auf Quechua, der indigenen Sprache, die in den Anden verbreitet ist, genannt. Erst im Zuge der Eroberung durch die spanischen Konquistadoren nahmen ihr Anbau und ihre Bedeutung für große Teile der Bevölkerung ab. Die Eroberer gaben den neu eingeführten Getreiden Gerste, Weizen und Hafer den Vorzug und sollen – so Erzählungen – den Anbau von Quinoa bestraft haben, weil sie deren hohe Bedeutung für die Bevölkerung erkannten. Trotzdem verschwand Quinoa all die Jahrhunderte nicht, diente aber als Grundnahrungsmittel vor allem nur noch den indigenen Bergbauern.

▶ NACHHALTIGER ANBAU UND FAIRER HANDEL

Ende der 1970er-Jahre pflanzten die Bauern der Anden Quinoa vor allem zur eigenen Versorgung. Der Anbau für den Markt jenseits lokaler Märkte war kaum wirtschaftlich und wurde deshalb von mehr und mehr Menschen aufgegeben. In den Städten der Erzeugerländer wurde Quinoa als »Indiofutter« von vielen Menschen verschmäht. Aufgrund der geringen Produktionsmenge kostete Quinoa im Lebensmittelhandel zudem mehr als subventioniertes Getreide wie Weizen und verarbeitete Produkte wie Nudeln, sodass auch viele schlecht ernährte Ärmere Quinoa mieden.

Seit Anfang der 1980er-Jahre bemühen sich engagierte Menschen, diese Situation zu ändern. Sie gründeten kleinbäuerliche Anbaugenossenschaften, um Verarbeitung und Vermarktung der nährstoffreichen Quinoa und damit auch die Ernährungssituation der ärmeren Bevölkerung zu verbessern. Mittlerweile sind mehrere Tausend kleinbäuerliche Produzenten diesen Genossenschaften beigetreten. Unterstützt werden sie auch von Fairhandelsorganisationen wie GEPA (Gesellschaft zur Förderung der Partnerschaft mit der Dritten Welt) oder EL PUENTE (Import und Vertrieb von Gebrauchsgegenständen und Kunstgewerbeartikeln zur Förderung von Kleinbetrieben und Genossenschaften in Entwicklungsländern), die Quinoa hierzulande in die Weltläden und erstmals in unsere Küchen brachten. Auch einige Naturkosthersteller beziehen ökologisch produzierte Quinoa seit den Anfängen der genossenschaftlichen Zusammenarbeit von dort.

Über Quinoa

Der faire und ökologische Anbau von Quinoa für den internationalen und lokalen Markt ist in diesen Ländern, wo weit über die Hälfte der Bevölkerung unterhalb der Armutsgrenze lebt, eine bedeutende Alternative. Die Menschen bauen auf den Hochebenen neben Quinoa auch Kartoffeln, Bohnen und Mais für den Eigenbedarf an und halten Tiere, meist Lamas, Alpakas, manchmal Schafe. Das ist gut für die Gesundheit von Menschen, Tieren und Pflanzen.

 Über Quinoa

In den letzten zwanzig Jahren verfünffachte sich allein in Bolivien sowohl die mit Quinoa bebaute Fläche als auch die jährlich produzierte Menge. Das liegt vor allem an der steigenden Nachfrage aus dem Ausland, wo gesundheitsbewusste Verbraucher den hohen Wert von Quinoa für ihre Ernährung entdecken – wodurch sich das Image von Quinoa auch bei der städtischen Bevölkerung der Erzeugerländer verbessert. Etwa ein Viertel der Ernte wird derzeit exportiert und die Nachfrage steigt. Die Erzeuger erhalten mehr Geld als früher für ihr Produkt, und das Interesse des internationalen Marktes verbessert ihre Lebenssituation zum Teil, verursacht aber auch Probleme:

1. Durch die hohe Nachfrage kostet Quinoa derzeit – ähnlich wie in der Vergangenheit – auch in den Erzeugerländern häufig mehr als Reis, Weizen und allerlei Fertigprodukte: Zum Teil legt man für die gleiche Menge Quinoa das Vierfache auf den Tisch. Verständlich, wenn Ärmere lieber die günstige Ware kaufen – zu Ungunsten ihrer Versorgung mit Mineralstoffen, Vitaminen und Eiweiß. Die Menschen, die Quinoa so erfolgreich aus dem Schattendasein holten, wollten genau das nicht, sondern im Gegenteil die Ernährungssituation verbessern. Auch die kleinbäuerlichen Erzeuger bringen mitunter weniger Quinoa auf den Tisch als früher und verkaufen sie lieber. Essen wir also der armen Bevölkerung etwas weg, wenn wir Quinoa von dort bei uns auf den Tisch bringen? Nein, wie die Geschichte von Quinoa zeigt. Hier ist auch die Politik der Anbauländer gefordert ebenso wie ein Blick auf unsere Bedürfnisse.

2. Um die Nachfrage zu befriedigen, wird Quinoa zunehmend auch auf ungeeigneten Flächen, in Form schlecht angepasster Sorten und in Monokultur angebaut. Mehrjährige Anbaupausen, die notwendig sind, damit sich die nährstoffarmen Böden erholen, werden nicht mehr eingehalten und die Pflanzen auf erosionsgefährdeten Flächen, zum Beispiel in Hanglagen, angebaut. Nachlassende Bodenfruchtbarkeit und Erosion sind die Folgen. Um den Ertrag dennoch zu sichern, kommen Kunstdünger und Schädlingsbekämpfungsmittel zum Einsatz – ein Phänomen, das sich auch anderenorts bei konventioneller Landwirtschaft beobachten lässt. Dabei ließe sich die Nachfrage auch mit nachhaltigem Anbau befriedigen. Traditionell und im Bioanbau kommt Quinoa ohne Kunstdünger und Pestizide aus. Dünger liefern Tiere, vor allem Lamas, und das gezielte Pflanzen einheimischer Sträucher verhindert Erosion und erhält somit ebenfalls die Bodenfruchtbarkeit.

Über Quinoa

Deshalb: Bevorzugen Sie Quinoa aus fairem Handel und Bioanbau, erhältlich in Weltläden und im Naturkosthandel. Das stärkt gerechten Handel und zukunftsfähigen Anbau, die Anerkennung von Quinoa und ihrer Jahrtausende alten, mit Hingabe gepflegten Kultur und kommt den Produzenten tatsächlich zugute. Je mehr das Interesse an Quinoa wächst, desto wichtiger ist es, Fair Trade und nachhaltigen Anbau zu unterstützen, um das Ökosystem der andinen Hochebenen zu erhalten. Bislang wird lediglich ein sehr kleiner Teil der jährlich exportierten Quinoa so angebaut und gehandelt – hier ist Luft nach oben!

In Zukunft könnten die Vorteile angepasster Sorten von Quinoa im Anbau auch anderen Gegenden der Welt zugutekommen. Gerade heute haben uns die Menschen und Pflanzen der Anden wertvolle Nahrung zu bieten. Statt tierisches Eiweiß in Massentierhaltung zu produzieren, kann mit Quinoa ein ebenso wertvolles pflanzliches Eiweiß – sanfter und umweltverträglicher – auf den Feldern wachsen. Das Hochland der Anden ist eine Region einzigartiger genetischer Vielfalt, die es zu erhalten gilt. Während der Jungsteinzeit, als sich die Menschen von Jägern und Sammlern zu Bauern entwickelten, lag dort eines der Zentren des Ackerbaus, wo Menschen gezielt wichtige Kulturpflanzen angebaut und gezüchtet haben. Mindestens sechs solcher Zentren sind auf der Erde bekannt, zum Beispiel auch der Fruchtbare Halbmond im Nahen Osten.

Quinoa wird zwar wie Getreide verwendet, ist aber nicht mit diesem verwandt. Das erkennt man auch am Äußeren der Pflanze, das nicht grasartig wirkt wie Getreide, sondern krautig ist. Quinoa *(Chenopodium quinoa)* ist ein einjähriges Gänsefußgewächs. Die Pflanze wächst verzweigt 50 bis 150 Zentimeter hoch, mitunter auch höher bis 2 Meter. Manche Sorten werden ziemlich hoch, andere sehr buschig. Die Blätter sind dicklich, ihre Form ist rhombisch und ähnelt einem Gänsefuß (Name). Die Blattfarbe variiert je nach Sorte. Die Pflanze entwickelt mehrere aufrecht wachsende Fruchtstände mit knäuelig gedrängten Teilblütenständen. Zur Blütezeit verwandeln sich die Felder auf den Hochebenen der Anden in ein Flammenmeer aus Farben von Purpur, Violett, Pink und Lavendelfarben über Grün, Gelb und Orange bis Ocker und Schwarz. Nach Selbstbestäubung und Befruchtung der Blüten entwickeln sich die Samen in den Frucht-

Über Quinoa

ständen. Sie reifen ungleichmäßig, sind je nach Sorte unterschiedlich groß und verschieden gefärbt. Man kennt mehr als 60 unterschiedliche Körnerfarben. Für die Ernte, die ebenso wie der übrige Anbau in den andinen Ländern noch überwiegend von Hand geleistet wird, werden die Pflanzen mit den Wurzeln ausgerissen und müssen zunächst einige Tage auf dem Feld nachtrocknen, bevor man sie drischt und die Samen von der Spreu trennt. Arbeitsaufwendig sind nicht nur Anbau und Ernte, sondern auch die anschließende Reinigung der Körner vor dem Verzehr. Moderne Technik erleichtert aber mit steigender Nachfrage zunehmend auch bei Quinoa Anbau und Ernte.

▶ VIELFALT ERHALTEN

Exportiert wird vor allem die weiße Quinoa mit großen Körnern in wenigen Hauptsorten, weil die weißen Samen im Ausland besonders beliebt sind. Ihr Anteil im Anbau ist deutlich größer als derjenige anderer Sorten. Das kann Folgen haben, indem die Sortenvielfalt auf den Feldern abnimmt, denn meist pflegen und erhalten wir nur das, was wir nutzen. Warum aber die Sortenvielfalt von Quinoa erhalten?

Da ist zum einen der kulturelle Verlust, den ihr Verschwinden bedeutete, denn die unterschiedlichen Sorten sind Bestandteil vieler Traditionen, nicht zuletzt unterschiedlicher Gerichte. Zum anderen sichert diese Vielfalt das Überleben von Quinoa. Nur aufgrund der Sortenvielfalt, ihrem Erhalt, ihrer Pflege und Entwicklung kann sich die Pflanze Veränderungen, zum Beispiel dem Klimawandel, anpassen. Bereits in weniger als vier Jahrzehnten – so Prognosen – wird Quinoa in vielen Regionen der Anden, wo sie heute noch angebaut wird, aufgrund von Klimaänderungen nicht mehr oder nur noch in speziell angepassten Sorten gedeihen können.

Der Erhalt der Sorten ist nicht immer einfach, denn mehrere Sorten anzubauen, macht mehr Arbeit, und die Vermarktung ist schwierig, wenn die Körner nicht den Erwartungen von Handel und Verbrauchern entsprechen. Umso mehr gilt es die Arbeit der Erhalterinnen und Erhalter wertzuschätzen und zu honorieren – auch durch neue Absatzmöglichkeiten oder Weiterverarbeitung der Quinoa im eigenen Land zu Lebensmitteln wie Gebäck, Nudeln oder Müsliriegeln und deren Export.

Über Quinoa

Neben den Samen werden auch die jungen Blätter bis zum Zeitpunkt, wenn sich die Fruchtstände bilden, und seltener die jungen Fruchtstände als Nahrungsmittel genutzt. Sie lassen sich wie Spinat zubereiten oder man verwendet sie für schmackhaftes Pesto. Die grüne Ganzpflanze und Ernterückstände dienen in den Anden zudem als Grünfutter für Nutztiere, zum Beispiel Lamas, Schafe, Pferde oder Geflügel. Der Dung der Lamas erhält und verbessert wiederum die Fruchtbarkeit des Bodens.

Lange war der Anbau von Quinoa für den Markt mangels Nachfrage marginal und wirtschaftlich unrentabel. Erst seit Anfang der 1980er-Jahre steigt das Interesse. Hauptanbauländer sind heute Peru, Bolivien und Ecuador. Der durchschnittliche Ertrag pro Quadratmeter variiert in den

Über Quinoa

Anden zwischen knapp 60 Gramm und gut 100 Gramm. Unter günstigen Bedingungen sind etwa 400 Gramm möglich. Im weltweiten Durchschnitt waren es 2013 etwa 85 Gramm. Zum Vergleich: Bei Mais erntet man derzeit im weltweiten Durchschnitt etwa 540 Gramm pro Quadratmeter, bei Reis sind es etwa 440 Gramm, bei Weizen etwa 320 Gramm.

Auch außerhalb der Anden wird Quinoa seit einigen Jahrzehnten angebaut. Die größten Flächen jenseits der Anden befinden sich derzeit in Kanada und den USA. In Afrika, Asien und Europa gibt es ebenfalls Anbauprojekte, zum Beispiel in Kenia, Marokko, Indien, Nepal, Frankreich, Italien, Dänemark oder den Niederlanden. Auch in Deutschland: Bereits kurz nach dem Ersten Weltkrieg pflanzte man Quinoa in der Eifel auf Versuchsfeldern an, um mit dem Korn ein wertvolles Nahrungsmittel im Falle künftiger Engpässe zu haben. Dann geriet der Anbau der Pflanze hierzulande länger als ein halbes Jahrhundert weitgehend in Vergessenheit. Heute interessieren sich auch Hobbygärtner für den Anbau und man diskutiert den Einsatz von Quinoa als Energiepflanze auch bei uns – sie wächst schnell und kann als Ganzpflanze bereits nach etwa 100 Tagen gehäckselt und siliert werden. Ähnlich wie Buchweizen kann sie neben ihrem Wert als Körnerfrucht außerdem als wertvolle Fruchtfolgepflanze, Zwischenfrucht und Gründüngungspflanze im Bioanbau dienen.

Gut möglich, dass Quinoa aus heimischem oder europäischem Anbau in absehbarer Zeit im Handel ist. Auch Amarant – ebenfalls ein glutenfreies Pseudogetreide, das ursprünglich aus Mittelamerika und Südamerika stammt – wird seit Längerem in Mitteleuropa angebaut, zum Beispiel in Österreich, und als ganzes Korn oder in Müslimischungen angeboten.

Über Quinoa

➤ ANBAU IM GARTEN

Quinoa wächst hierzulande gut im Garten. Die Pflanzen lassen sich im April auf der sonnigen, warmen Fensterbank vorziehen. Dafür die Samen in feuchte Blumenerde oder Anzuchterde säen und leicht andrücken. Nicht eingraben. Feucht, aber nicht zu nass halten. Wenn die Sämlinge etwa 5 Zentimeter groß sind, werden sie vorsichtig in etwas größere Gefäße umgetopft und vereinzelt. Die ausgezogenen Pflänzchen sind gesund und lassen sich als Spinat zubereiten (Kochwasser weggießen, es enthält viel Oxalsäure aus den Blättern). Sobald der letzte Spätfrost durch ist – etwa Mitte Mai – werden die Pflanzen in den Garten gesetzt. Ein sonniger, warmer Standort ist ideal. Der Boden darf nährstoffarm und steinig sein, jedoch möglichst nicht staunass und nicht zu verdichtet. Quinoa kommt auch mit geringen Temperaturen zurecht und ist begrenzt frosttolerant.

Zur Aussaat direkt ins Freiland ab Anfang Mai bis spätestens Mitte Mai sollte der Boden feucht sein und auch die Sämlinge benötigen ausreichend Wasser. Sie wachsen zunächst langsam und auch dann, wenn es im Frühjahr ungewöhnlich feucht und kühl ist. Später kommen die Pflanzen gut mit Trockenheit klar und durchwurzeln den Boden tief. Für große, kräftige Pflanzen die Sämlinge stark vereinzeln.

Je nach Sorte sind die Pflanzen 120 bis 210 Tage nach der Aussaat im Oktober bis November erntereif, die Blätter vergilben und fallen ab. Die gelben oder braunen Samenstände dann ins Haus holen, nachtrocknen und dreschen. Bio-Saatgut verschiedener klimaangepasster Sorten für den Anbau im Garten ist im Fachhandel erhältlich. Auch mit Quinoa aus dem Weltladen oder Naturkosthandel ist ein Anbau möglich, sofern die Samen keimen. Um welche Sorte es sich in diesem Fall handelt, bleibt meist unbekannt.

Über Quinoa

QUINOA – EIN GESUNDES KORN

Quinoa zählt zu den Pseudogetreiden. Es handelt sich dabei um Pflanzen, die nicht zu den Getreiden zählen, deren Samen aber wie Getreidesamen verwendet und gegessen werden. Quinoa ist glutenfrei und eine vollwertige Alternative für glutenhaltiges Getreide bei Zöliakie und bei Weizensensitivität. Aufgrund seiner hochwertigen Zusammensetzung sagt man dem Korn besondere Kräfte nach. Was Quinoa so wertvoll für die Ernährung macht, ist ihr hoher Gehalt an Eiweiß, Ballaststoffen, ungesättigten Fettsäuren und Mineralstoffen. Im Einzelnen ist der Nährstoffgehalt abhängig von Sorte, Bodenqualität, Klima und Art des Anbaus. In Zukunft könnte Quinoa sehr wichtig für die weltweite Ernährung sein.

Verglichen mit anderen pflanzlichen Lebensmitteln, vor allem den Hauptgetreidearten, ist Quinoa hinsichtlich ihrer Eiweißqualität hervorragend. 100 Gramm rohe Samen enthalten zwischen 11 und 22 Gramm Eiweiß, im Durchschnitt gut 14 Gramm. Anders gesagt: Eine Portion von 200 Gramm gegarter Quinoa liefert durchschnittlich knapp 9 Gramm Eiweiß bei etwa 240 Kilokalorien Energiegehalt. Genauso viel Eiweiß und Energie erhält man mit 110 bis 120 Gramm reinem Weizenvollkornbrot (etwa zwei große Scheiben). Bedeutsam ist aber nicht nur der absolute Gehalt an Eiweiß, sondern auch die biologische Wertigkeit des Eiweißes – und da ist Quinoa spitze.

Zusätzlich ist Quinoa eine gute Quelle für Ballaststoffe und das Fett der Körner besteht zu knapp neunzig Prozent aus ungesättigten Fettsäuren, der größte Teil davon mehrfach ungesättigt und in Form der lebensnotwendigen Linolsäure, einer Omega-6-Fettsäure. Auch von der ebenso wichtigen alpha-Linolensäure, einer Omega-3-Fettsäure, liefert Quinoa mehr als Getreide. Etwa 5 Gramm Fett sind in 100 Gramm rohen Samen enthalten: mehr als in Reis oder Weizen, etwas weniger als in Hafer oder Amarant. Ein vergleichsweise hoher Gehalt an antioxidativ wirkendem Vitamin E schützt die ungesättigten Fettsäuren vor Oxidation. Beachtlich ist zudem der Gehalt an Folsäure, und auch andere B-Vitamine, zum Beispiel B_6 und B_2, sind gut vertreten. Im Vergleich liefert Quinoa weitaus höhere Mengen an Kalium, Magnesium, Zink und Eisen als die meisten Getreide. Neben Amarant ist Quinoa das eisenreichste Korn unter den Getreideartigen, gefolgt von Hirse und Hafer. Auch zur Versorgung des Körpers mit Kalzium, Selen, Mangan und Kupfer können die Körner gut beitragen.

▶ BIOLOGISCHE WERTIGKEIT – WAS IST DAMIT GEMEINT?

Das Eiweiß von Quinoa ist erstaunlich: sowohl sein Anteil im Samen als auch die hohe Qualität. Warum sie so hoch ist? Hierzu ein kleiner Exkurs in die Ernährungswissenschaft.

Eiweiße setzen sich aus Aminosäuren zusammen. Nahrungseiweiß braucht der menschliche Körper, um daraus eigenes Eiweiß zu bilden. Dafür benötigt er von jeder Aminosäure eine bestimmte Menge. Das menschliche Eiweiß besteht aus zwanzig verschiedenen Aminosäuren. Acht davon kann der Körper nicht selbst aus anderen Aminosäuren bilden, deshalb sind diese acht sowohl für Erwachsene als auch für Kinder lebenswichtig. Zwei weitere sind nur in bestimmten Lebenssituationen essenziell. Ein Lebensmittel ist zur Bildung von Körpereiweiß umso wertvoller, je genauer die Mengen der Aminosäuren im Lebensmittel dem Bedarf des Menschen entsprechen. Begrenzend ist dabei diejenige Aminosäure, von der das Lebensmittel im Vergleich zum Bedarf am wenigsten enthält.

Interessant ist nun, wie gut die Deckungsgleichheit ist. Das wird mit der biologischen Wertigkeit des Lebensmittels ausgedrückt. Als Vergleich dient die biologische Wertigkeit von Vollei, die gleich 100 gesetzt wurde, weil das Proteinmuster von Ei dem menschlichen Proteinmuster sehr ähnlich ist. Je höher die biologische Wertigkeit eines Eiweißes ist, desto weniger muss man davon essen, um ausreichend mit Eiweiß versorgt zu sein. Während die meisten Getreide und Hülsenfrüchte zwar einiges an Eiweiß, dabei aber vergleichsweise wenig von einer oder mehr der lebensnotwendigen Aminosäuren enthalten, liefert Quinoa alle acht in einem ausgewogenen Verhältnis. Insbesondere von Lysin, Methionin und Tryptophan, drei dieser essenziellen Aminosäuren, enthält Quinoa sehr viel. Lysin ist in Getreiden und vielen anderen pflanzlichen Lebensmitteln in vergleichsweise geringen Mengen enthalten und begrenzt dadurch deren biologische Wertigkeit. Mit Quinoa kombiniert, verbessert sich dann die biologische Wertigkeit der Speise.

Die biologische Wertigkeit von Quinoa wird mit 83 angegeben. Für Getreide gelten Werte zwischen 60 und 70, für Hülsenfrüchte zwischen 60 und 80, für Nüsse zwischen 66 und 76. Im Verlauf eines Tages essen wir verschiedene Lebensmittel, sodass sich deren Eiweiße ergänzen und so zu einer biologischen Wertigkeit von 100 führen können.

Über Quinoa

► QUINOA UND SAPONINE

Die dünnen Samenschalen der meisten Quinoasorten enthalten Saponine, natürliche Bitterstoffe, mit denen sich die Pflanze vor Schädlingen schützt. Nicht gereinigte Quinoa ist deshalb ungenießbar. Die Reinigung ist sehr zeitaufwendig, mühselig und in den Anden traditionell Arbeit der Frauen. Für zwölf Kilo gereinigte Körner braucht es rund sechs Stunden Arbeit. Traditionell rösten die Frauen die Körner über offenem Feuer, wodurch die Samenschalen brüchig werden. Zusammen mit etwas weißem Ton stampfen sie die Quinoa dann in großen Steingefäßen so lange mit den bloßen Füßen, bis die Samenschalen abgerieben sind. Der Wind bläst anschließend den saponinhaltigen Staub weg, indem die Samen in die Luft geworfen werden. Anschließend werden sie gewaschen und getrocknet. Das wird nach wie vor in weiten Teilen so praktiziert – auch für den Export –, doch gibt es inzwischen auch kleine Maschinen, welche die Arbeit fünfzigmal schneller machen und die Arbeit der Frauen enorm erleichtern. Mittlerweile gibt es auch sehr saponinarme Sorten, die man vor dem Kochen nur noch kurz waschen muss. Das kommt nicht nur modernen, westlichen Bedürfnissen entgegen, sondern macht es auch in den Erzeugerländern attraktiver, Quinoa häufiger auf den Tisch zu bringen. Die Vögel auf den Feldern schätzen diese milden Sorten ebenfalls, sodass die Pflanzen nach der Ernte zwar weniger Aufbereitung, vor der Ernte jedoch mehr Aufmerksamkeit erfordern.

Hierzulande erhältliche Quinoa ist in der Regel durch entsprechende Reinigung saponinfrei oder sehr arm an Saponinen. Wer Bedenken hat, kann die Quinoa vor der Verwendung kurz mit heißem Wasser waschen und das Wasser nicht zum Kochen verwenden. Eventuell noch vorhandene Saponine gehen zum Teil ins Wasser über oder werden zum Teil durchs Kochen zerstört. Saponine werden im Darm generell nur geringfügig resorbiert. Ob die Körner ausreichend saponinfrei sind, merkt man beim Essen: Schmecken sie leicht oder deutlich bitter, ist gründlicheres Waschen angesagt. Wer Quinoa im Garten anbaut und die Körner essen möchte, sollte auf saponinarme Sorten achten und die Körner vor dem Verzehr gegebenenfalls einige Stunden in Wasser einweichen. Das Wasser dann nicht zum Kochen verwenden.

Über Quinoa

Vorsichtshalber sollte man Quinoa nicht für Babykost verwenden, um auszuschließen, dass Blutzellen durch resorbierte Saponine geschädigt werden. Ältere Kinder ab zwei Jahre und Erwachsene können Quinoa dagegen unbesorgt genießen. Übrigens haben Saponine auch gesundheitsfördernde Eigenschaften: Sie können das Immunsystem über eine Verstärkung der Immunreaktion stimulieren und den Cholesterinspiegel im Blut senken, indem sie Cholesterin und Gallensäuren im Darm binden. Durch Letzteres können sie auch antikanzerogen wirken.

Der glykämische Index von Quinoa wird mit 35 angegeben, vergleichbar dem von Roggen. Das ist etwas niedriger als bei reinem Vollkornbrot und etwas höher als bei Hülsenfrüchten. Der niedrige glykämische Index des Korns sorgt für einen langsamen Anstieg des Blutzuckerspiegels. Deshalb ist Quinoa auch für Menschen, die unter Blutzuckerproblemen leiden, eine gute Alternative. 100 Gramm rohe Quinoasamen enthalten zwischen 50 und 60 Gramm Kohlenhydrate und damit etwa so viel wie Weizenkörner. Gerade in unserer oft als stressig erlebten Zeit kann Quinoa wunderbar ausgleichend wirken.

QUINOA IN DER KÜCHE

Die wohlschmeckenden Körner von Quinoa sind getreideähnlich und können ähnlich wie Getreide zubereitet werden. Im Naturkosthandel, Weltladen oder Reformhaus gibt es bei uns vor allem weiße oder hell beigefarbene Quinoa, außerdem rote und seltener schwarze Körner.

Die verschiedensten Gerichte lassen sich mit Quinoa herstellen: Zu Mehl gemahlen eignet sie sich zum Backen aller Teigarten, sowohl für Brot und Kuchen als auch für Mehlspeisen, Pfannkuchen, Waffeln oder Nudeln. Geschrotet zu Grieß ist sie gut für Brei, zum Überbacken oder Panieren. Das ganze Korn ergibt Bratlinge, Klöße, Gemüsefüllungen, Aufläufe, vielfältige Beilagen, schmeckt gut in Suppen und Eintöpfen, in Salaten oder als Quinotto. Die Flocken sind toll fürs Müsli, in Süßspeisen, als Brei oder zum Backen. Gepuffte Quinoa und Quinoaflakes knuspern im Müsli, in Desserts und Süßigkeiten.

▶ WEISS, ROT, SCHWARZ

Weiße Quinoa eignet sich hervorragend für eine Vielzahl an Gerichten. Mit ihrem leicht nussigen Geschmack passt sie auch gut für Süßspeisen. Die gegarten Samen wirken leicht glasig. Die Samen der roten Varietät sind etwas kleiner als die hellen Samen. Ihre rote Farbe bleibt beim Kochen erhalten – eine interessante Variante mit aromatischem Geschmack. Rote Quinoa eignet sich vor allem gut für herzhafte Gerichte, als würzige Beilage oder als außergewöhnliche Zugabe zu Salaten. Die schwarzen Körner sind seltener im Handel erhältlich. Sie enthalten häufig mehr Eisen, Magnesium und Vitamin E als weiße und rote Körner und sollen antidepressiv wirken. Auch im gegarten Zustand bleiben sie deutlich knackig. Sie schmecken intensiv nussig mit leicht rauchigem Zusatz. Ihre Farbe lädt zu Spielereien ein: Mit Mais, dem Grün der Sommersalate, mit Obst oder Tomaten ergeben sich wunderbare aromatische und optische Kontraste.

Für die Zubereitung der Rezepte in diesem Buch werden ganze Quinoakörner, Quinoa in Form von Mehl, Grieß, Flocken, Popcorn und Flakes sowie gekeimte Quinoa benötigt. Die ganzen Körner kann man auch selbst zu Hause mit einer Getreidemühle zu Mehl oder Grieß mahlen oder schroten, mit der Flockenquetsche zu Flocken pressen oder in der Pfanne ähnlich wie Popcorn puffen.

- Für Quinoasprossen die Samen im Keimglas keimen lassen. Ideal ist eine Temperatur von etwa 25 °C. Täglich mit frischem Wasser spülen. Nach 3 Tagen kann man die Sprossen verwenden.
- Für gepuffte Quinoa einen Topf mit gut schließendem Deckel ohne Fett auf dem Herd auf mittlere bis hohe Temperatur bringen. Etwa 2 EL Quinoasamen in den Topf geben, Deckel auflegen, Topf vom Herd nehmen, etwas schwenken. Die Samen puffen im Topf und sind nach kurzer Zeit fertig. Achtung: Der Topf sollte nicht so heiß sein, dass die Samen verbrennen.

Wer es nicht selbst machen möchte, kann alle Verarbeitungsformen des ganzen Korns im Naturkosthandel, Reformhaus, Weltladen, Supermarkt oder Versandhandel kaufen. Dort sind auch vielfältige Produkte mit Quinoa

► GLUTENFREI BACKEN MIT QUINOA

Weil Quinoa glutenfrei ist, kann man beim Backen nicht einfach das übliche glutenhaltige Weizenmehl durch Quinoamehl ersetzen, um ein Ergebnis wie bei Weizenmehl zu erhalten. Das Gluten oder Klebereiweiß, das natürlicherweise in allen Weizenarten (wie Weichweizen, Hartweizen, Dinkel, Einkorn, Emmer, Khorasan-Weizen), in Roggen, Gerste und Hafer – ausgenommen glutenfreie Hafersorten – als Reservestoff enthalten ist, sorgt beim Backen zusammen mit der verkleisternden Stärke dafür, dass der Teig elastisch und locker aufgeht und Flüssigkeit bindet und dass sich das fertige Gebäck gut lagern lässt, ohne schnell auszutrocknen. Fertige glutenfreie Mehlmischungen aus dem Handel verhalten sich vor allem beim Backen von Brot und Kuchen anders als glutenhaltiges Mehl. Aus diesem Grund gelingen auch glutenfreie Backwaren nicht ganz so luftig und saftig wie Backwaren aus glutenhaltigem Mehl. Dennoch lässt sich mit Quinoa vielfältig glutenfrei backen – mit gutem Ergebnis. Wichtig ist der richtige Mix: Quinoa mit Mehlen aus glutenfreien Getreidearten wie Mais, Reis oder Hirse, aus Pseudogetreiden wie Buchweizen oder Amarant, aus Kastanien und aus Hülsenfrüchten wie Sojabohnen, Linsen oder Kichererbsen. Dazu kommen Stärkemehle wie Maisstärke oder Kartoffelstärke, Nussmehle und gemahlene Nüsse, und für eine gute Bindung des Teiges sorgen Johannisbrotkernmehl oder Guarkernmehl.

Es empfiehlt sich, Quinoa für die Mehlherstellung möglichst frisch zu mahlen und gleich zu verbrauchen. Die selbst gemahlene Quinoa ist wie andere Mehle aus eigener Herstellung nicht lange haltbar. Röstet man die Samen vor dem Mahlen im Backofen oder in der Pfanne ohne Fett, hat das Mehl ein intensiveres Aroma und lässt sich etwas länger aufbewahren.

als Zutat erhältlich, zum Beispiel Müsli oder Kekse. Auch frische Sprossen gibt es dort oder man zieht sie mithilfe eines Keimglases selbst.

Lassen Sie sich von den Ideen im Rezeptteil des Buches inspirieren, Quinoa auch einmal für Varianten Ihrer Lieblingsgerichte zu verwenden – als ganzes Korn, gemahlen, geschrotet, geflockt, gepufft.

Ich wünsche Ihnen viel Freude dabei!

HINWEISE ZU DEN REZEPTEN

Falls nicht anders vermerkt, ergeben die Rezepte 4 Portionen.
Wenn Sie für mehr oder weniger Personen kochen, rechnen Sie die Mengenangaben entsprechend der Personenzahl um.

ABKÜRZUNGEN

EL = Esslöffel
TL = Teelöffel
MSP = Messerspitze

Falls nicht anders vermerkt, sind Esslöffel und Teelöffel beim Messen stets gestrichen gefüllt.

GLUTENFREIE REZEPTE

Alle Rezepte in diesem Buch sind glutenfrei.

Falls Sie von Zöliakie oder Glutenunverträglichkeit betroffen sind, beachten Sie bitte Folgendes: In einigen Rezepten werden Zutaten verwendet, die nicht in jedem Fall glutenfrei sind, zum Beispiel Speisestärke, Puddingpulver, Backpulver, Paniermehl, Gewürzmischungen, Sahnefestiger, Tortenguss oder körnige Gemüsebrühe, falls Sie diese für die Zubereitung Ihrer Brühe verwenden. Hier sind immer glutenfreie Zutaten gemeint! Lesen Sie im Zweifelsfall die Zutatenliste oder wenden Sie sich an den Hersteller.

Die hervorgehobene Kennzeichnung glutenhaltiger Zutaten auf der Verpackung von Lebensmitteln ist zwar per Gesetz vorgeschrieben, lesen Sie die Zutatenlisten dennoch immer vollständig und vergewissern Sie sich, dass nichts Glutenhaltiges dabei ist. Auch Schokolade oder Kuvertüre, Hefe auf Weizenbasis, Zubereitungen aus Frischkäse, Quark oder Joghurt können glutenhaltige Zutaten enthalten. Hier gilt es wirklich, lieber zweimal zu schauen, als hinterher gesundheitliche Beschwerden zu bekommen. Im Zweifelsfall können Sie sich auch an den Lebensmittellisten der Zöliakiegesellschaften, zum Beispiel der Deutschen Zöliakie-Gesellschaft e. V., orientieren.

► PRAKTISCHE KÜCHENHELFER

Clevere Küchengeräte können die Zubereitung gesunder Mahlzeiten enorm erleichtern. Achten Sie vor allem auf deren Praktikabilität, damit Ihnen die Geräte wirklich die erhoffte Zeitersparnis bringen und sich leicht und schnell reinigen lassen. Im Folgenden einige Hinweise zu Geräten, die Ihnen bei der Zubereitung der Gerichte aus diesem Buch helfen können.

So sollten Sie zum Beispiel ein Nudelholz haben, mit dem Sie Teig auch mal richtig dünn ausrollen können. Dafür eignet sich am besten ein großes Nudelholz aus Marmor. Es ist in der Regel etwas schwerer als die Varianten aus Holz und hat zudem den Vorteil, es leicht reinigen zu können. Unabhängig vom Material sollte das Nudelholz einen größeren Durchmesser haben, damit Sie sich beim Ausrollen des Teiges nicht die Fingerknöchel anstoßen.

Ebenfalls sehr empfehlenswert ist eine Getreidemühle für den Haushalt. Sie unterstützt Sie bei der Zubereitung Ihrer Speisen. Damit können Sie auch zu hundert Prozent sicher sein, dass Sie glutenfreie Mehle verwenden. Weil nur Sie auf dieser Mühle Ihr Mehl mahlen, hängen keine glutenhaltigen Reste im Gerät. Mit einem eingebauten Sieb in der Mitte sind Sie in der Lage, verschiedene Mahlgrade einzustellen. So können Sie entsprechend Ihrem Speiseplan immer selbst Mehl, Schrot oder Grieß frisch mahlen. Das schmeckt deutlich besser und intensiver als gekaufte Mehle. Wer keine Getreidemühle zur Hand hat, kann das Mahlen auch mithilfe einer geeigneten Küchenmaschine mit Mahlfunktion bewerkstelligen.

Eine Küchenwaage ist ebenfalls überaus praktisch, und zwar für das genaue Abwiegen. Der Genauigkeitsbereich der meisten Küchenwaagen liegt zwischen 1 und 50 Gramm, ihre maximale Tragkraft zwischen 2 und 5 Kilogramm. Besonders hilfreich ist eine Küchenwaage, die grammweise anzeigt. So können Sie für eine Zubereitung auch genau 2 oder 5 Gramm abwiegen. Grammgenaues Abwiegen ist, gerade bei Bindemitteln und Speisestärke, für gute Back- und Kochergebnisse wichtig.

Hinweise zu den Rezepten

ZU DEN BACKZEITEN

Die Backzeiten gelten für einen auf die angegebene Temperatur vorgeheizten Elektrobackofen mit Ober- und Unterhitze. Bei anderen Arten der Hitzezufuhr richten Sie sich bitte nach den Herstellerangaben Ihres Ofens und Ihren eigenen Erfahrungen mit Ihrem Ofen.

FÜR DIE GRILLREZEPTE

Sofern in den Grillrezepten in diesem Buch nichts anderes angegeben ist, empfiehlt es sich, die Gerichte bei indirekter, mittlerer Hitze zuzubereiten. Wenn Sie keinen Elektro-Grill verwenden, sondern mit Glut grillen, platzieren Sie das Grillgut nicht direkt über der Glut: Die Zubereitungszeit ist dadurch zwar minimal länger, das Grillgut durchwärmt sich jedoch schonender und gleichmäßiger und die Aromen entfalten sich besser.

WELCHE SORTE QUINOA?

Einige Rezepte empfehlen eine bestimmte Quinoasorte, zum Beispiel weiße, rote, schwarze oder bunte (weiß, rot, schwarz gemischte) Quinoa. Wenn die empfohlene Sorte nicht zur Hand ist, kann stattdessen genauso gut jede andere Quinoasorte verwendet werden. Das Ergebnis ist farblich und geschmacklich dann anders als die Zubereitung, die ich vorschlage. Das ist aber kein Problem: Verstehen Sie meine Rezepte immer auch als Anregung für eigene Kreationen.

Wenn ich bei einem Rezept keine spezielle Sorte empfehle, eignet sich jede Quinoa gleichermaßen gut.

Hinweise zu den Rezepten

WENN NUR EINE KLEINE MENGE QUINOA BENÖTIGT WIRD

Meist ist es wenig sinnvoll, eine kleine Menge Quinoakörner (zum Beispiel 30 Gramm) extra für eine einzige Zubereitung zu garen. Für alle Rezepte in diesem Buch, die solch kleine Mengen verlangen, bietet es sich an, anderweitig gegarte und übrig gebliebene Quinoa zu verwenden. Man kann auch gut eine größere Menge als benötigt garen und den Rest für ein anderes Gericht aufbewahren. Im Kühlschrank hält sich gegarte Quinoa abgedeckt oder vakuumiert 4 bis 5 Tage.

100 Gramm trockene Quinoakörner ergeben nach dem Garen 250 bis 300 Gramm gegarte Quinoa. Sollen für ein Gericht also zum Beispiel 30 Gramm Quinoa gegart werden, entspricht das 75 bis 90 Gramm gegarter Quinoa.

ZUR VERWENDETEN SPEISESTÄRKE

Die Rezepte empfehlen keine spezielle Sorte Speisestärke. Stattdessen findet sich die allgemeine Angabe »Speisestärke«. Bitte verwenden Sie diejenige Sorte, die Ihnen am liebsten ist. Die Gerichte gelingen gleichermaßen gut sowohl mit Kartoffelstärke als auch mit Maisstärke. Wenn Sie von Zöliakie oder Glutenunverträglichkeit betroffen sind, achten Sie bitte in jedem Fall auf glutenfreie Speisestärke.

ZUM VERWENDETEN CURRYPULVER

Die Rezepte empfehlen keine spezielle Sorte Currypulver. Stattdessen findet sich die allgemeine Angabe »Currypulver«. Ich verwende gerne eine dezent scharfe, kräftig rote Sorte mit fruchtigem, leicht saurem Aroma – auch für alle Zubereitungen in diesem Buch, die Currypulver erfordern. Bitte wählen Sie diejenige Sorte, die Ihnen am besten schmeckt und gut bekommt.

PROBIEREN UND EXPERIMENTIEREN

DIE BASICS

Die Basics

GAREN VON WEISSER, ROTER UND SCHWARZER QUINOA

Weiße, rote und schwarze Quinoa werden auf dieselbe Art gegart – mit derselben Menge Flüssigkeit und in ähnlich langer Zeit. Wer möchte, kann die Körner vor der Verwendung kurz mit heißem Wasser abspülen, um eventuell noch vorhandene Bitterstoffe zu entfernen (siehe Seite 20). Im Folgenden stelle ich drei Arten der Zubereitung vor: auf dem Herd, im Reiskocher und im Backofen. Zunächst noch ein paar Tipps zum Würzen der Quinoagerichte (nicht nur) in diesem Kapitel.

> ### ▶ WÜRZVARIANTEN FÜR DIE GRUNDREZEPTE
>
> - Zwiebeln und Knoblauch (oder eins von beiden) in etwas Öl (Olivenöl oder Sorte nach Geschmack) anschwitzen. Quinoakörner zugeben, kurz anschwitzen, Gemüsebrühe angießen und alles wie im Grundrezept angegeben garen.
> - Quinoa während des Garens oder danach mit Kräutern wie Majoran, Thymian, Petersilie, Schnittlauch, Minze oder Rosmarin verfeinern. Ebenso gut eignen sich getrocknete und in Öl eingelegte Tomaten. Für Geschmacksrichtungen indischer oder thailändischer Art Currypulver und Kokosmilch wählen. Auch mit Schärfe lässt sich würzen: mit Ingwer, Pfeffer (weiß, schwarz, rosa), Paprikapulver oder allen Arten Chili von mild bis feurig. Mit Kreuzkümmel und Minze wird es orientalisch. Raffiniert ist auch eine geringe Menge Rosenwasser oder Orangenblütenwasser zur fertig gegarten Quinoa.
> - Aus gegarter Quinoa und gegarten Hülsenfrüchten wie Kichererbsen, Bohnen oder Linsen lassen sich schmackhafte Varianten mischen. Auch Kombinationen mit gegarten anderen Pseudogetreiden oder Getreiden wie Buchweizen, Amarant, Hirse oder Reis sind sehr lecker.
> - Wer es süß mag, kann mit Obstsäften, Marmeladen, getrocknetem oder frischem Obst verfeinern, ebenso mit Kakao und Schokolade. Aber auch Gewürze wie Anis, Sternanis, Vanille, Tonkabohne, Schalenabrieb von Zitrone und Orange oder Zimt können in verschiedenen Kombinationen und Mengenverhältnissen, mit und ohne Honig oder Vollrohrzucker, vorzügliche Ergebnisse liefern.

Probieren und experimentieren

AUF DEM HERD

625 ml Wasser oder Gemüsebrühe, heiß oder kalt
½ TL Meersalz
250 g Quinoa

➤ In einem Topf Wasser oder Gemüsebrühe zum Kochen bringen. Salz einrühren. Quinoa zugeben, aufkochen und zugedeckt bei mäßiger Hitze etwa 20 Minuten gar köcheln, bis die Flüssigkeit aufgesogen ist. Dabei ab und zu umrühren.

IM REISKOCHER

250 g Quinoa
625 ml Wasser oder Gemüsebrühe, kalt
½ TL Meersalz

➤ Quinoa in den Reiskocher geben. Wasser oder Gemüsebrühe und Salz dazugeben. Etwa 15 Minuten garen wie Reis.

IM BACKOFEN

2 EL Butter (30 g)
½ TL Meersalz
250 g Quinoa
625 ml Wasser oder Gemüsebrühe, heiß oder kalt

➤ Backofen auf 180 °C (Ober- und Unterhitze) vorheizen. In einem ofenfesten Topf auf dem Herd die Butter erhitzen. Salz und Quinoa zugeben, gut verrühren, nur kurz anschwitzen. Mit Wasser oder Gemüsebrühe ablöschen und kurz aufkochen. Den Topf vom Herd nehmen und mit einem ofenfesten Deckel verschließen.
➤ Topf in den heißen Ofen (Mitte) stellen und Quinoa etwa 20 Minuten garen. Dabei kann auch gleich mit frischen Kräutern oder Käse verfeinert werden: einfach kurz vor Ende der Garzeit zugeben.

Die Basics

QUINOA-GEMÜSE-PÜREE

Nach Art der beiden folgenden Rezepte lässt sich Quinoa-Gemüse-Püree mit den unterschiedlichsten gegarten Gemüsen zubereiten.

QUINOA-KARTOFFEL-PÜREE

375 ml Wasser
Meersalz
150 g Quinoa
600 g Kartoffeln
etwa 200 ml Milch
1 EL Butter (15 g)
Pfeffer, frisch gemahlen

➤ In einem Topf Wasser mit etwas Salz erhitzen. Quinoa zugeben, aufkochen und zugedeckt bei mäßiger Hitze etwa 20 Minuten garen, bis die Flüssigkeit aufgesogen ist. Dabei ab und zu umrühren.
➤ Kartoffeln schälen, in grobe Stücke schneiden und in Wasser mit etwas Salz gar kochen. Kartoffeln abgießen und mit der gegarten Quinoa pürieren oder zerdrücken. Dabei Milch und Butter zugeben. Püree mit Salz und Pfeffer abschmecken.
➤ Pur genießen oder verfeinern: mit Spinat, gerösteten Zwiebeln ...

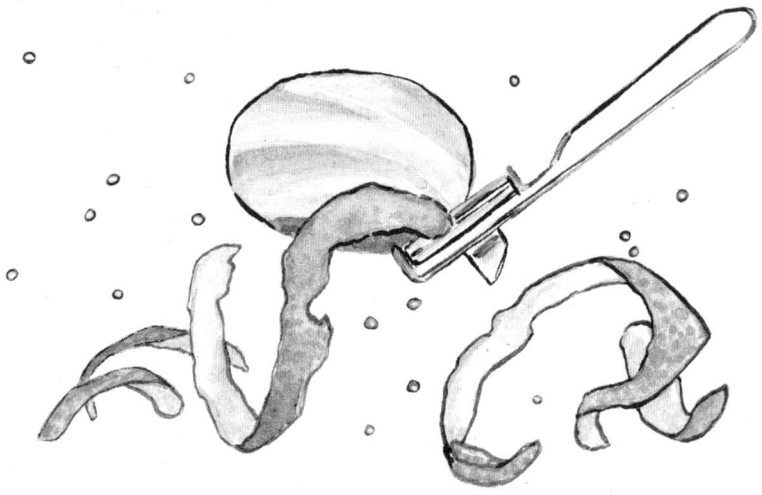

Probieren und experimentieren

QUINOA-AUBERGINEN-PÜREE

500 g Auberginen
¼ l Wasser
Meersalz
100 g Quinoa
400 g Tomaten
1 Knoblauchzehe
2 Schalotten
4 EL Olivenöl
1 TL scharfes Paprikapulver
½ Bund Petersilie
Pfeffer, frisch gemahlen

- Backofen auf 180 °C (Ober- und Unterhitze) vorheizen. Auberginen rundum mehrmals mit einer Gabel einstechen und auf dem Backblech oder in einer Auflaufform (nach Wunsch mit etwas Öl) im heißen Ofen (Mitte) 40 – 50 Minuten garen.
- Inzwischen in einem Topf Wasser mit etwas Salz erhitzen. Quinoa zugeben, aufkochen und zugedeckt bei mäßiger Hitze etwa 20 Minuten gar köcheln, bis die Flüssigkeit aufgesogen ist. Dabei ab und zu umrühren.
- Tomaten mit heißem Wasser überbrühen, häuten und klein schneiden. Knoblauch und Schalotten schälen und klein würfeln. Gegarte Auberginen aus dem Ofen nehmen, etwas abkühlen lassen und halbieren. Das Fruchtfleisch mit einem Löffel herausheben und mit einer Gabel zermusen.
- Olivenöl in einer Pfanne erhitzen. Zwiebeln und Knoblauch darin glasig braten. Auberginen, Tomaten und Paprikapulver zugeben und bei mäßiger Hitze etwa 20 Minuten zu einem Brei einkochen. Dabei ab und zu umrühren.
- Petersilie von den Stängeln zupfen und fein hacken. Gegarte Quinoa und Petersilie zum Auberginenpüree geben, unterheben und das Püree mit Salz und Pfeffer abschmecken.

Die Basics

SÜSSER QUINOAFLOCKENBREI

½ l Milch
150 g Quinoaflocken
50 g feiner Vollrohrzucker (Menge nach Geschmack)
2 TL gemahlene Bourbonvanille
½ TL Meersalz

➤ In einem Topf die Milch erwärmen. Quinoaflocken, Zucker, Vanille und Salz in die heiße Milch rühren. Unter Rühren bei mittlerer Hitze zu einem Brei köcheln.

TIPP: Den Porridge nach Belieben verfeinern, zum Beispiel mit Obst der Saison.

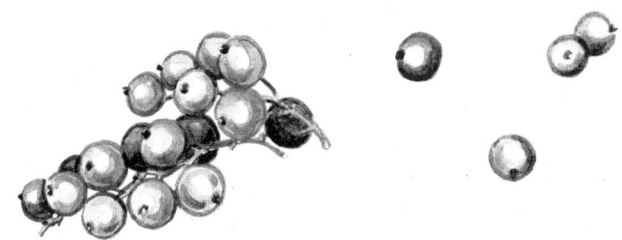

Probieren und experimentieren

SÜSSE MILCHQUINOA

300 ml Wasser
125 ml Milch
70 g feiner Vollrohrzucker (Menge nach Geschmack)
1 Prise Meersalz
1 TL gemahlene Bourbonvanille
150 g Quinoa

➤ In einem Topf Wasser mit Milch, Zucker, Salz und Vanille erhitzen. Quinoa einrühren und kurz aufkochen lassen. Anschließend zugedeckt bei mäßiger Hitze 20 Minuten gar köcheln. Dabei ab und zu umrühren.

TIPP: Die Milchquinoa nach Belieben verfeinern, zum Beispiel mit Gewürzen wie Zimt oder mit Obst der Saison.

SÜSSER QUINOAGRIESSBREI

gut 800 ml Milch
150 g Quinoa, zu Grieß gemahlen
80 g feiner Vollrohrzucker (Menge nach Geschmack)
1 TL gemahlene Bourbonvanille

➤ In einem Topf die Milch erwärmen. Quinoagrieß, Zucker und Vanille unter Rühren einrieseln lassen. Aufkochen und etwa 10 Minuten bei mittlerer Hitze zu einem Grießbrei köcheln. Dabei ständig weiterrühren.

TIPP: Den Grießbrei nach Belieben verfeinern, zum Beispiel mit Obst der Saison: Apfel, Banane, Kiwi …

GUTER START, GUTER TAG
MÜSLI, BREI UND PAUSENRIEGEL

QUINOA-HIRSE-MÜSLI MIT KOKOSNUSS

Für 4 bis 6 Portionen

100 g Quinoa, gepufft
6 EL Cornflakes
3 EL Hirseflocken
4 EL Kokosraspel
4 EL Mandelblättchen
200 g Beeren (zum Beispiel Himbeeren, Heidelbeeren)
  oder anderes Obst der Saison
Joghurt oder Milch nach Belieben

➤ In einer Schüssel gepuffte Quinoa, Cornflakes und Hirseflocken mischen. Kokosraspel und Mandelblättchen dazugeben und gleichmäßig untermengen. Die gewünschte Menge der Mischung in die Müslischalen geben.

➤ Die Beeren verlesen, anderes Obst gegebenenfalls putzen, schälen und klein schneiden. Obst und nach Belieben Joghurt oder Milch auf dem Müsli verteilen und das Müsli servieren.

QUINOA-BUCHWEIZEN-MÜSLI MIT NÜSSEN UND SCHOKOLADE

Für 4 bis 6 Portionen

3 EL Mandeln
2 EL Macadamianüsse
50 g Zartbitterschokolade
90 g Quinoa, gepufft
2 EL Quinoaflocken
2 EL Buchweizenflocken
2 Bananen
Joghurt nach Belieben
Milch nach Belieben

► Mandeln und Macadamianüsse fein oder grob hacken. Schokolade fein oder grob reiben.
► In einer Schüssel gepuffte Quinoa mit Quinoaflocken und Buchweizenflocken mischen. Gehackte Mandeln, Macadamianüsse und geriebene Schokolade dazugeben und gleichmäßig untermischen. Die gewünschte Menge der Mischung in die Müslischalen geben.
► Bananen schälen, in Scheiben schneiden und zum Müsli geben. Joghurt und Milch nach Belieben dazugeben und das Müsli servieren.

QUINOA-WALNUSS-MÜSLI MIT DATTELN

50 g Walnüsse
50 g Datteln, entsteint
8 EL Reis, gepufft
6 EL Quinoa, gepufft
6 EL Quinoaflakes
3 EL Quinoaflocken
Joghurt oder Milch nach Belieben

➤ Walnüsse hacken. Datteln in Streifen schneiden.
➤ In einer Schüssel gepufften Reis, gepuffte Quinoa, Quinoaflakes und Quinoaflocken vermengen. Die gewünschte Menge der Mischung in die Müslischalen geben.
➤ Datteln und Walnüsse auf dem Müsli verteilen und untermischen. Das Müsli nach Belieben mit Joghurt oder Milch servieren.

KNUSPERMÜSLI

300 g Quinoa
50 g Quinoaflocken
50 g Hirseflocken
50 g Buchweizenflocken
2 EL Sonnenblumenkerne
100 g Agavendicksaft oder Honig
1 EL natives Kokosöl, geschmolzen

- ▶ Backofen auf 180 °C (Ober- und Unterhitze) vorheizen und ein Backblech mit Backpapier belegen. In einer Schüssel Quinoakörner, Quinoaflocken, Hirseflocken, Buchweizenflocken und Sonnenblumenkerne mischen. Agavendicksaft oder Honig und flüssiges Kokosöl dazugeben und alles vermengen.
- ▶ Die Masse gleichmäßig auf dem vorbereiteten Backblech verteilen und im heißen Ofen (Mitte) etwa 20 Minuten rösten. Dabei ab und zu mithilfe eines Pfannenwenders wenden.
- ▶ Das fertig geröstete Müsli aus dem Ofen nehmen und auf dem Blech abkühlen lassen. Anschließend mit einer Gabel auflockern und in einer Dose mit Deckel aufbewahren.

KNUSPERMÜSLI MIT CRANBERRYS

130 g Quinoa, gepufft
5 ½ EL Reis, gepufft
3 EL Buchweizenflocken
3 EL Hirseflocken
4 EL Kürbiskerne
2 EL Leinsamen
1 EL Sesam
50 g Rosinen
50 g getrocknete Cranberrys
100 g natives Kokosöl
4 EL Honig
1 EL feiner Vollrohrzucker
2 TL gemahlene Bourbonvanille
½ TL Kurkuma

➤ Backofen auf 180 °C (Ober- und Unterhitze) vorheizen und ein Backblech mit Backpapier belegen. In einer Schüssel gepuffte Quinoa, gepufften Reis, Buchweizenflocken und Hirseflocken vermengen. Kürbiskerne, Leinsamen, Sesam, Rosinen und Cranberrys untermischen.

➤ In einem Topf das Kokosöl leicht erwärmen und verflüssigen. Honig, Zucker, Vanille und Kurkuma dazugeben und verrühren. Die Mischung über die Müslimischung geben und alles vermengen. Anschließend auf das vorbereitete Backblech streichen und im heißen Ofen (Mitte) etwa 20 Minuten rösten. Dabei ab und zu mithilfe eines Pfannenwenders wenden.

➤ Das fertig geröstete Müsli aus dem Ofen nehmen und auf dem Blech abkühlen lassen. Anschließend mit einer Gabel auflockern und in einer Dose mit Deckel aufbewahren.

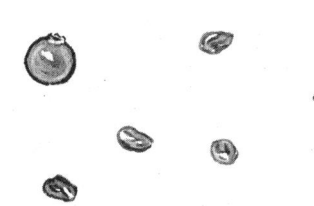

QUINOA-PORRIDGE MIT HIMBEEREN UND PISTAZIEN

600 ml Milch
100 g Quinoaflocken
100 g Reisflocken
½ TL Meersalz
1 ½ EL feiner Vollrohrzucker (Menge nach Geschmack)
200 g Himbeeren
3 EL Pistazien

➤ In einem Topf die Milch erhitzen. Quinoaflocken, Reisflocken, Salz und Zucker unter Rühren einrieseln lassen. Bei mäßiger Hitze unter ständigem Rühren etwa 5 Minuten zu einem Brei quellen lassen.
➤ Die Himbeeren verlesen und die Pistazien hacken. Den fertigen Porridge auf Schälchen verteilen und mit Himbeeren und Pistazien bestreut servieren.

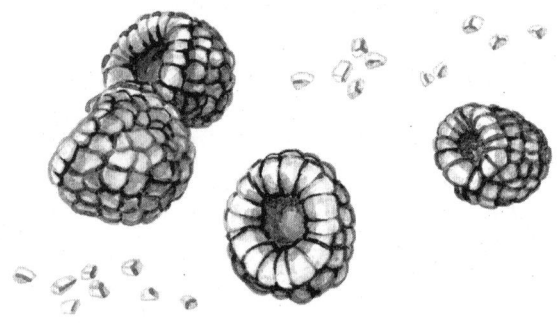

QUINOA-BANANEN-BREI

3 EL Mandelblättchen
100 g Quinoa
200 ml Wasser
100 ml Milch
2 Bananen
2 EL Honig
1 EL Mandelmus
1 Prise Meersalz

- Mandelblättchen in einer Pfanne ohne Fett goldbraun rösten. Auf einem Teller abkühlen lassen.
- Quinoa mit Wasser und Milch aufkochen und zugedeckt bei mäßiger Hitze etwa 20 Minuten gar köcheln. Dabei ab und zu umrühren.
- Bananen schälen und in Scheiben schneiden. Bananen, Honig, Mandelmus und Salz mit einem Pürierstab zermusen.
- Gegarte Quinoa zum Bananenmus geben und vermengen. Den Brei auf Schälchen verteilen und mit den gerösteten Mandeln bestreut servieren.

Guter Start, guter Tag

BIRNEN-SCHOKO-BREI

300 ml Wasser
3 EL feiner Vollrohrzucker (Menge nach Geschmack)
4 EL Kakaopulver
2 TL gemahlene Bourbonvanille
½ TL Zimt
1 Prise Meersalz
100 g Quinoa
2 Birnen

► In einem Topf das Wasser mit Zucker, Kakaopulver, Vanille, Zimt und Salz verrühren und aufkochen. Quinoa einrieseln lassen und zugedeckt bei mäßiger Hitze etwa 20 Minuten gar köcheln. Dabei ab und zu umrühren.

► Birnen vierteln und die Kerngehäuse herausschneiden. Birnenviertel grob zerkleinern. Birnen zur gegarten Quinoa geben und die Mischung pürieren (falls die Birnenstücke recht hart sind, können sie 5 Minuten in der Quinoa mitgekocht werden). Den fertigen Brei auf Schälchen verteilen und servieren.

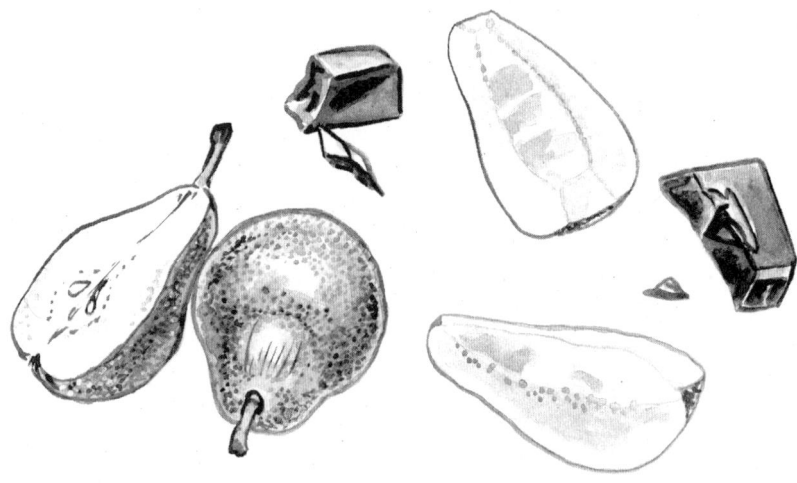

FRUCHTIGE QUINOA-PAUSENRIEGEL

Ergibt etwa 20 Stück

100 g Mandeln
50 g Haselnüsse
50 g Kürbiskerne
50 g getrocknete Aprikosen
3 EL Quinoa, gepufft
6 ½ EL Reis, gepufft
1 MSP Zimt
120 g Butter
100 g feiner Vollrohrzucker
70 g Honig
3 EL Orangensaft, frisch gepresst

- Mandeln, Haselnüsse und Kürbiskerne hacken. Aprikosen würfen.
- In einer Schüssel gepuffte Quinoa und gepufften Reis mischen. Aprikosen, Mandeln, Haselnüsse, Kürbiskerne und Zimt zur Quinoamischung geben und alles vermengen.
- In einem Topf die Butter zerlassen. Zucker, Honig und Orangensaft dazugeben unter Rühren kurz erwärmen, bis der Zucker geschmolzen ist. Anschließend die Mischung zur Aprikosen-Nuss-Masse geben und gut vermischen.
- Ein Backblech mit Backpapier belegen und darauf die Masse 1 cm dick zu einem Quadrat verstreichen. Im Kühlschrank oder an einem anderen kühlen Ort fest werden lassen, dabei nicht abdecken.
- Die fest gewordene Platte mit einem scharfen Messer vorsichtig in Riegel der gewünschten Größe schneiden, zum Beispiel 6 × 3 cm groß. Die Riegel einzeln einwickeln, zum Beispiel in Backpapier, damit sie nicht zusammenkleben. Kühl und trocken aufbewahren.

Guter Start, guter Tag

POWERRIEGEL

Ergibt etwa 8 Stück

50 g getrocknete Aprikosen
50 g getrocknete Bananen
50 g Mandeln
30 g Butter (2 EL)
80 g feiner Vollrohrzucker
100 g Honig
150 g Quinoamüsli (siehe Seite 40 und Seite 41)

- Aprikosen und Bananen würfeln. Mandeln hacken.
- In einem Topf Butter, Zucker und Honig unter Rühren kurz erwärmen, bis der Zucker geschmolzen ist. Den Topf vom Herd nehmen. Quinoamüsli, Aprikosen, Bananen und Mandeln zur Honigmasse geben und verrühren.
- Backofen auf 150 °C (Ober- und Unterhitze) vorheizen. Ein Backblech mit Backpapier belegen und darauf die Müslimasse etwa 1 cm dick zu einem Quadrat von 20 × 20 cm Größe verstreichen. Anschließend im heißen Ofen (Mitte) etwa 20 Minuten backen.
- Die Müsliplatte aus dem Ofen nehmen und etwas abkühlen lassen. Dann mit einem scharfen Messer vorsichtig in Riegel der gewünschten Größe schneiden und vollständig abkühlen lassen. Die Riegel einzeln einwickeln, zum Beispiel in Backpapier, damit sie nicht zusammenkleben. Kühl und trocken aufbewahren.

Müsli, Brei und Pausenriegel

QUINOA-ERDNUSS-RIEGEL

Ergibt etwa 8 Stück

100 g Erdnüsse ohne Salz
30 g Butter (2 EL)
1 ½ EL feiner Vollrohrzucker
100 g Honig
125 g Quinoaflocken
75 g Quinoaflakes

- ▶ Erdnüsse hacken.
- ▶ In einem Topf Butter, Zucker und Honig unter Rühren kurz erwärmen, bis der Zucker geschmolzen ist. Quinoaflocken, Quinoaflakes und Erdnüsse unterrühren und goldbraun karamellisieren lassen. Den Topf vom Herd nehmen.
- ▶ Backofen auf 150 °C (Ober- und Unterhitze) vorheizen. Ein Backblech mit Backpapier belegen. Die Erdnussmasse darauf 1 cm dick zu einem Rechteck verstreichen und im heißen Ofen (Mitte) etwa 15 Minuten backen.
- ▶ Die Erdnussplatte aus dem Ofen nehmen und etwas abkühlen lassen. Dann mit einem scharfen Messer vorsichtig in Riegel der gewünschten Größe schneiden und vollständig abkühlen lassen. Die Riegel einzeln einwickeln, zum Beispiel in Backpapier, damit sie nicht zusammenkleben. Kühl und trocken aufbewahren.

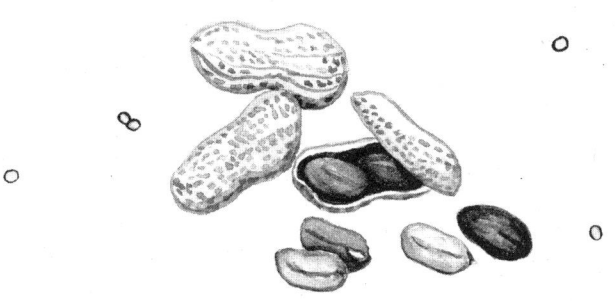

FRISCH AUFGEGABELT

BRATLINGE, BÄLLCHEN UND KROKETTEN

Bratlinge, Bällchen und Kroketten

QUINOA-FALAFEL

120 g Quinoa
300 ml Gemüsebrühe, heiß oder kalt
2 rote Zwiebeln
2 Knoblauchzehen
10 EL Olivenöl
500 g gegarte Kichererbsen
2 frische Eier
½ TL gemahlener Kreuzkümmel
etwa 125 g glutenfreies Vollkorn-Paniermehl
Meersalz
Pfeffer, frisch gemahlen
2 EL Sesam

➤ Quinoa mit Gemüsebrühe aufkochen und zugedeckt bei mäßiger Hitze 15 – 20 Minuten gar köcheln, bis die Flüssigkeit aufgesogen ist. Dabei ab und zu umrühren. Dann etwas abkühlen lassen.
➤ Zwiebeln und Knoblauch schälen und sehr klein schneiden. 1 EL Olivenöl in einer Pfanne erhitzen. Zwiebeln und Knoblauch darin 2 Minuten bei mittlerer Hitze anbraten.
➤ Gegarte Kichererbsen durch ein Sieb abgießen, abtropfen lassen und mit Küchenpapier trockentupfen. Dann mit den Eiern fein pürieren (oder mit einem Kartoffelstampfer zerdrücken und die Eier anschließend unterrühren). Zwiebelmischung, gegarte Quinoa und Kreuzkümmel zur Kichererbsenmasse geben und unterrühren. Paniermehl unterkneten, sodass eine feste, aber formbare Masse entsteht. Mit Salz und Pfeffer abschmecken.
➤ Walnussgroße Kugeln aus der Masse formen und die Kugeln in Sesam wälzen. 9 EL Olivenöl in einer Pfanne erhitzen. Die Kugeln darin portionsweise bei mittlerer Hitze rundum 4 – 5 Minuten goldbraun braten. Dann kurz auf Küchenpapier entfetten und warm servieren.

TIPP: Dazu passt gut ein grüner Salat mit Kirschtomaten und einer Sauce aus Joghurt und fein geschnittener frischer Minze.

Frisch aufgegabelt

ERDNUSS-QUINOA-BÄLLCHEN MIT AVOCADO-DIP

100 g rote Quinoa
¼ l Gemüsebrühe, heiß oder kalt
100 g Erdnüsse ohne Salz
1 Zwiebel
2 Stängel frischer Koriander
½ Bund Petersilie
4 EL Olivenöl
4 EL geröstetes Kichererbsenmehl
1 TL Pfeilwurzstärke
50 g Ricotta
1 frisches Ei
Meersalz
Pfeffer, frisch gemahlen
gegebenenfalls
   glutenfreies Vollkorn-Paniermehl

Avocado-Dip:
1 Avocado
½ Limette
2 Knoblauchzehen
300 g Joghurt
Meersalz
Pfeffer, frisch gemahlen

➤ Quinoa mit Gemüsebrühe aufkochen und zugedeckt bei mäßiger Hitze 15 – 20 Minuten gar köcheln, bis die Flüssigkeit aufgesogen ist. Dabei ab und zu umrühren. Dann etwas abkühlen lassen.
➤ Inzwischen für den Avocado-Dip die Avocado halbieren, den Kern herauslösen und mit einem Löffel das Fruchtfleisch aus der Schale heben. Fruchtfleisch klein schneiden und zerdrücken. Den Saft der Limette auspressen, zur Avocado geben und verrühren. Knoblauch schälen, klein hacken, mit dem Joghurt zum Mus geben und unterrühren. Den Dip mit Salz und Pfeffer abschmecken.

- Für die Erdnussbällchen die Erdnüsse fein hacken. Die Zwiebel schälen und sehr klein schneiden. Kräuter waschen, von den Stielen zupfen und klein hacken. 1 EL Olivenöl in einer Pfanne erhitzen und die Zwiebelwürfel darin 4 Minuten bei mittlerer Hitze braten. In eine Schüssel geben und mit der gegarten Quinoa und den gehackten Kräutern mischen.
- Kichererbsenmehl, Pfeilwurzstärke, Erdnüsse, Ricotta und Ei zur Quinoamasse geben, mischen und mit Salz und Pfeffer abschmecken. Alles zu einem formbaren Teig verarbeiten. Ist der Teig zu locker, etwas Paniermehl unterkneten.
- Aus dem Teig kleine Kugeln formen. 3 EL Olivenöl in einem Topf erhitzen und die Kugeln darin portionsweise rundum knusprig braten. Bratzeit je nach Größe: Die Bällchen sollten knusprig sein, nicht verbrannt.
- Bällchen kurz auf Küchenpapier entfetten und mit dem Avocado-Dip servieren.

Frisch aufgegabelt

QUINOA-BOHNEN-KROKETTEN

70 g Quinoa
175 ml Gemüsebrühe, heiß oder kalt
2 Zwiebeln
20 g frischer Ingwer
2 EL Olivenöl
400 g gegarte Kidneybohnen
1 Bund Petersilie
2 frische Eier
80 – 100 g glutenfreies Vollkorn-Paniermehl
Meersalz
Pfeffer, frisch gemahlen
etwas Chiliflocken, frisch gemahlen
natives Kokosöl zum Frittieren

- Quinoa mit Gemüsebrühe aufkochen und zugedeckt bei mäßiger Hitze 15 – 20 Minuten gar köcheln, bis die Flüssigkeit aufgesogen ist. Dabei ab und zu umrühren. Dann etwas abkühlen lassen.
- Zwiebeln und Ingwer schälen und fein hacken. Olivenöl in einer Pfanne erhitzen, Zwiebeln und Ingwer darin kurz anbraten.
- Bohnen durch ein Sieb abgießen, abtropfen lassen und mit einer Gabel zerdrücken. Gegarte Quinoa und Zwiebelmischung zu den Bohnen geben und gut vermischen. Petersilie fein hacken. Eier, Paniermehl und Petersilie zur Bohnenmasse geben. Zu einer formbaren Masse verarbeiten, mit Salz, Pfeffer und Chili abschmecken.
- Kokosöl in einem Topf erhitzen. Mithilfe von zwei Esslöffeln jeweils etwas von der Bohnenmasse abstechen, vorsichtig in das heiße Öl geben und 4 – 5 Minuten ausbacken. Dabei ab und zu wenden, damit die Kroketten rundum schön knusprig werden. Kurz auf Küchenpapier entfetten und bis zum Servieren warm halten.

TIPP: Dazu passt gut ein Bärlauch-Joghurt-Quark:
Dafür 300 g griechischen Joghurt mit 100 g Magerquark verrühren.
8 sehr fein geschnittene Blätter Bärlauch unterrühren und den Quark
mit Meersalz und frisch gemahlenem Pfeffer abschmecken.

VEGETARISCHES QUINOA-OFENGYROS

1 Zwiebel
4 frische Eier
50 g rote Quinoa, gemahlen
80 g glutenfreies Vollkorn-Paniermehl
etwa 1 TL Meersalz
etwa ½ TL Pfeffer, frisch gemahlen
½ TL scharfes Paprikapulver
¼ TL gemahlener Kreuzkümmel
4 EL Olivenöl
1 TL Rosmarin, frisch gehackt
1 TL Bohnenkraut, frisch gehackt
1 TL Majoran, frisch gehackt
1 TL Oregano, frisch gehackt

- Zwiebel schälen und sehr fein würfeln. Eier mithilfe einer Gabel verquirlen. Zwiebelwürfel zu den Eiern geben und verrühren. Nach und nach Quinoamehl, Paniermehl, Salz, Pfeffer, Paprikapulver und Kreuzkümmel dazugeben und einarbeiten, sodass eine feste, aber formbare Masse entsteht. Abschmecken, eventuell nachwürzen. Aus der Masse fingerdicke Fladen formen.
- In einer Pfanne 2 EL Olivenöl erhitzen und die Fladen im heißen Öl von beiden Seiten etwa 2 Minuten braten. Die Fladen aus der Pfanne nehmen und kurz abkühlen lassen.
- Inzwischen den Backofen für die Grillfunktion vorheizen. 2 EL Olivenöl mit etwas Salz und den gehackten Kräutern verrühren. Die erkalteten Fladen in sehr dünne, etwa 3 cm lange Streifen schneiden. Die Streifen in eine ofenfeste Auflaufform legen und mit dem gewürzten Olivenöl vermengen. Im heißen Ofen 12 – 15 Minuten knusprig grillen. Dabei aufpassen, dass die Streifen nicht zu trocken werden.
- Das fertige Quinoa-Gyros aus dem Ofen nehmen und servieren.

TIPP: Kombinieren Sie das Ofengyros mit Blattsalat, Pommes frites und Joghurt-Knoblauch-Dip.

Frisch aufgegabelt

QUINOAROLLEN MIT SCHAFSKÄSECREME

1 Zwiebel
1 EL Butter (15 g)
100 g rote Quinoa
¼ l Gemüsebrühe, heiß oder kalt
2 Knoblauchzehen
1 EL scharfes Tomatenmark
1 TL mittelscharfer Senf
1 frisches Ei
1 frisches Eigelb
etwa 100 g glutenfreies Vollkorn-Paniermehl
Meersalz
Pfeffer, frisch gemahlen
etwa 6 EL Erdnussöl zum Grillen

Schafskäsecreme:
200 g Feta
200 g Joghurt
½ Bund Petersilie
70 g grüne oder schwarze Oliven, entsteint
Meersalz
Pfeffer, frisch gemahlen

- Zwiebel schälen und sehr klein würfeln. Butter in einem Topf erhitzen und die Zwiebelwürfel darin bei mittlerer Hitze glasig dünsten. Quinoa und Gemüsebrühe zugeben, aufkochen und bei mäßiger Hitze zugedeckt etwa 20 Minuten köcheln. Dabei ab und zu umrühren. Gegen Ende der Garzeit den Deckel abnehmen und das restliche Kochwasser unter Rühren verdampfen lassen. Anschließend die Quinoa in eine Schüssel füllen und etwas abkühlen lassen.
- Knoblauch schälen und klein würfeln. Mit Tomatenmark, Senf, Ei und Eigelb zur Quinoa geben und vermischen. Paniermehl unterrühren, sodass ein fester, aber formbarer Teig entsteht. Mit Salz und Pfeffer würzen. Aus dem Teig daumengroße Rollen formen und mit Erdnussöl bestreichen.

- Für die Schafskäsecreme den Schafskäse mit einer Gabel fein zerdrücken und mit dem Joghurt mischen. Petersilie fein hacken, Oliven klein schneiden und beides unter die Käsecreme rühren. Die Creme mit Salz und Pfeffer abschmecken.
- Den Elektro-Grill auf 180 – 200 °C indirekte, mittlere Hitze vorbereiten. Die Quinoarollen in einer Grillschale auf dem Grill bei offenem Deckel knusprig braun braten (Grillzeit je nach Größe der Stücke). Dabei einmal vorsichtig wenden. Alternativ die Rollen in einer Pfanne auf dem Herd braten: Dafür nicht mit Öl einpinseln, sondern das Öl in der Pfanne erhitzen. Die Bratlinge unter Wenden rundum knusprig braun braten.
- Quinoarollen kurz auf Küchenpapier entfetten und mit der Schafskäsecreme servieren.

Frisch aufgegabelt

QUINOA-KICHERERBSEN-TALER MIT PFIRSICH-ANANAS-CREME

200 g mehligkochende Kartoffeln
100 g Quinoa
¼ l Wasser, heiß oder kalt
Meersalz
340 g gegarte Kichererbsen
1 Zwiebel
1 Knoblauchzehe
½ Bund Petersilie
60 – 70 g glutenfreies Vollkorn-Paniermehl
1 TL Pfeilwurzstärke
1 frisches Ei
1 TL gemahlener Kreuzkümmel
gegebenenfalls etwas Speisestärke
Pfeffer, frisch gemahlen
etwa 3 EL Erdnussöl zum Grillen

Pfirsich-Ananas-Creme:
1 Baby-Ananas
1 Pfirsich
2 frische rote Chilischoten
1 TL Tomatenmark
1 EL mittelscharfer Senf
Meersalz
Pfeffer, frisch gemahlen

▶ Kartoffeln schälen und 1 cm groß würfeln. Kartoffeln mit Quinoa, Wasser und etwas Salz aufkochen. Zugedeckt bei mäßiger Hitze 15 – 20 Minuten gar köcheln. Dabei ab und zu umrühren. Dann in eine Schüssel geben, mit dem Kartoffelstampfer zerdrücken und etwas abkühlen lassen.

- Für die Pfirsichcreme die Ananas schälen und in Stücke schneiden, dabei den harten Strunk entfernen. Den Pfirsich mit heißem Wasser überbrühen, häuten, halbieren und den Stein herauslösen. Chilischoten putzen und mit Ananas und Pfirsich pürieren. Fruchtpüree mit Tomatenmark und Senf verrühren und mit Salz und Pfeffer abschmecken.
- Gegarte Kichererbsen in ein Sieb abgießen, abtropfen lassen und mit einer Gabel zerdrücken. Zwiebel und Knoblauch schälen und klein schneiden. Petersilie fein hacken. Kichererbsen, Zwiebel, Knoblauch, Petersilie, Paniermehl, Pfeilwurzstärke, Ei und Kreuzkümmel zur Kartoffel-Quinoa-Masse geben und vermischen. Die Masse sollte fest und formbar sein. Falls sie zu locker ist, etwas Speisestärke unterkneten. Mit Salz und Pfeffer abschmecken. Aus der Kichererbsenmasse Bratlinge formen und jeden Bratling auf beiden Seiten mit Erdnussöl einpinseln.
- Den Elektro-Grill auf 180 – 200 °C indirekte, mittlere Hitze vorbereiten. Die Bratlinge in einer Grillschale auf dem Grill 6 – 8 Minuten offen grillen. Dabei einmal vorsichtig wenden. Alternativ die Taler in einer Pfanne auf dem Herd braten: Dafür nicht mit Öl einpinseln, sondern das Öl in der Pfanne erhitzen. Die Taler einmal wenden, sodass sie auf beiden Seiten knusprig werden.
- Bratlinge kurz auf Küchenpapier entfetten und mit der Pfirsich-Ananas-Creme servieren.

Frisch aufgegabelt

QUINOA-GRILLBURGER MIT ZWIEBEL-BALSAMICO-SAUCE

300 g Kartoffeln
100 g rote Quinoa
¼ l Wasser, heiß oder kalt
Meersalz
1 Knoblauchzehe
420 g gegarte schwarze Bohnen
1 frisches Ei
1 frisches Eigelb
etwa 80 g glutenfreies Vollkorn-Paniermehl
Pfeffer, frisch gemahlen
1 TL gemahlener Kreuzkümmel
1 EL Petersilie, frisch gehackt
1 EL Thymian, frisch gehackt
1 EL Oregano, frisch gehackt
etwa 4 EL Erdnussöl zum Grillen

Zwiebel-Balsamico-Sauce:
1 frische rote Chilischote
500 g Zwiebeln
50 g feiner Vollrohrzucker
50 ml Balsamicoessig
50 ml Weißweinessig
Meersalz
Pfeffer, frisch gemahlen

➤ Für die Zwiebelsauce die Chilischote putzen und klein schneiden. Die Zwiebeln schälen und klein schneiden. 1 EL Zwiebelwürfel für die Grillburger zur Seite stellen. Den Zucker in einem Topf goldgelb karamellisieren lassen. Zwiebelwürfel und Chili darin anschwitzen. Mit Balsamico und Weißweinessig ablöschen, kurz aufkochen und etwa 30 Minuten bei mäßiger Hitze köcheln, bis die Flüssigkeit etwas eingedickt ist. Mit Salz und Pfeffer würzen.

Bratlinge, Bällchen und Kroketten

- Für die Grillburger die Kartoffeln schälen und 1 cm groß würfeln. Kartoffeln mit Quinoa, Wasser und etwas Salz aufkochen und zugedeckt bei mäßiger Hitze 15 – 20 Minuten gar köcheln. Dabei ab und zu umrühren. Anschließend in eine Schüssel füllen, mit dem Kartoffelstampfer zerdrücken und etwas abkühlen lassen.
- Knoblauch schälen und fein hacken. Die gegarten Bohnen durch ein Sieb abgießen, abtropfen lassen und mit einer Gabel zerdrücken. Bohnenmus, die zur Seite gestellten Zwiebelwürfel, Knoblauch, Ei, Eigelb und Paniermehl zur Kartoffel-Quinoa-Masse geben und zu einem festen, aber formbaren Teig verarbeiten. Mit Salz, Pfeffer, Kreuzkümmel und den gehackten Kräutern würzen. Die Masse zu Bratlingen formen und jeden Bratling auf beiden Seiten mit Erdnussöl einpinseln.
- Den Elektro-Grill auf etwa 230 °C direkte, starke Hitze vorbereiten. Die Bratlinge in einer Grillschale auf dem Grill etwa 6 Minuten offen grillen. Dabei einmal vorsichtig wenden. Alternativ die Bratlinge in einer Pfanne auf dem Herd braten: Dafür nicht mit Öl einpinseln, sondern das Öl in der Pfanne erhitzen. Die Bratlinge einmal wenden, sodass sie auf beiden Seiten knusprig werden.
- Grillburger kurz auf Küchenpapier entfetten und mit der Zwiebelsauce servieren.

WIE DAS DUFTET!

HEISS GELIEBTES AUS DEM OFEN

Heiß Geliebtes aus dem Ofen

QUINOASPÄTZLE MIT KÄSE

Olivenöl für die Auflaufform
1 Bund Petersilie
200 g Greyerzer
3 frische Eier
50 g Quinoa, gemahlen
70 g Reisvollkornmehl
120 g Speisestärke
1 EL Pfeilwurzstärke
Meersalz
etwa 50 ml Wasser

Zwiebelringe:
2 rote Zwiebeln
2 EL Quinoa, gemahlen
2 EL Olivenöl

- Backofen auf 180 °C (Ober- und Unterhitze) vorheizen. Eine Auflaufform fetten. Petersilie fein hacken, Greyerzer fein reiben.
- In einer Schüssel Eier, Quinoamehl, Reismehl, Speisestärke, Pfeilwurzstärke und 1 TL Meersalz mit einem Kochlöffel verrühren. Nach und nach das Wasser zugeben und den Teig mit dem Kochlöffel so lange aufschlagen, bis er Blasen wirft. Der Teig soll fest, aber leicht fließend sein.
- In einem Topf reichlich Wasser mit etwas Salz aufkochen. Den Teig portionsweise als Spätzle in das kochende Wasser schaben oder mithilfe einer Spätzlepresse in das Wasser geben. Wenn die fertig gegarten Spätzle nach etwa 5 Minuten an die Wasseroberfläche kommen, mit einem Schaumlöffel herausnehmen und gut abtropfen lassen.
- Gegarte Spätzle, Petersilie und Käse mischen. In die Auflaufform füllen und im heißen Ofen (Mitte) 15 – 20 Minuten goldbraun backen.
- Inzwischen für die Zwiebelringe die Zwiebeln schälen und in feine Ringe schneiden. Zwiebelringe in Quinoamehl wenden. Öl in einer Pfanne erhitzen und die Ringe darin goldbraun braten.
- Käsespätzle aus dem Ofen nehmen und mit den Zwiebelringen servieren.

Wie das duftet!

QUINOA-MOUSSAKA

1 kg Auberginen
Meersalz
Olivenöl für die Auflaufform

Quinoafüllung:
2 rote Zwiebeln
3 Fleischtomaten
4 EL Olivenöl
2 EL Tomatenmark
200 g schwarze Quinoa
½ l Gemüsebrühe, heiß
Pfeffer, frisch gemahlen
1 TL feiner Vollrohrzucker
2 TL Oregano, frisch gehackt
½ Bund Petersilie
100 g Parmesan
80 g glutenfreies Vollkorn-Paniermehl
2 EL Quinoaflocken

Sauce:
400 ml Milch
50 g Butter
4 EL Reisvollkornmehl
2 frische Eier
Meersalz
Pfeffer, frisch gemahlen
1 Prise Muskat, frisch gerieben

Heiß Geliebtes aus dem Ofen

- Auberginen putzen und der Länge nach in 0,5 cm dicke Scheiben schneiden. Die Scheiben salzen und 30 Minuten Wasser ziehen lassen.
- Für die Füllung Zwiebeln schälen und würfeln. Tomaten mit heißem Wasser überbrühen, häuten, entkernen und sehr klein schneiden. In einem Topf 2 EL Olivenöl erhitzen. Zwiebelwürfel darin bei mittlerer Hitze glasig braten. Tomatenwürfel, Tomatenmark und Quinoa zugeben und kurz anbraten. Mit Brühe ablöschen und bei mittlerer Hitze etwa 15 Minuten köcheln. Dabei ab und zu umrühren. Mit Salz, Pfeffer, Zucker und Oregano abschmecken.
- Petersilie fein hacken. Parmesan reiben und 2 EL davon zur Seite stellen. Restlichen Parmesan, Petersilie, Paniermehl und Quinoaflocken zur gegarten Quinoa geben, unterrühren und den Topf vom Herd nehmen.
- Auberginen trockentupfen. 2 EL Olivenöl in einer Pfanne erhitzen und die Auberginenscheiben darin portionsweise von beiden Seiten goldgelb braten. Dann kurz auf Küchenpapier entfetten.
- Für die Sauce in einem Topf die Milch erwärmen, nicht zum Kochen bringen. In einem zweiten Topf die Butter zerlassen, das Reismehl zugeben und unter Rühren leicht bräunen. Langsam die Milch zugießen und mit dem Schneebesen rühren, bis eine glatte Sauce entstanden ist. Eier unterrühren und die Sauce etwa 10 Minuten köcheln, bis sie eingedickt ist.
- Backofen auf 180 °C (Ober- und Unterhitze) vorheizen. Die Sauce vom Herd nehmen, den beiseite gestellten Parmesan unterrühren und die Sauce mit Salz, Pfeffer und Muskat würzen.
- Den Boden einer Auflaufform fetten und mit der Hälfte der Auberginenscheiben belegen. Die Quinoamasse darauf verteilen und mit den restlichen Auberginenscheiben belegen. Mit der Sauce begießen und den Auflauf im heißen Ofen (Mitte) etwa 50 Minuten backen.
- Fertig gebackenes Moussaka in Quadrate schneiden und servieren.

Wie das duftet! ....

PFANNKUCHEN-LASAGNE MIT QUINOAFÜLLUNG

50 g Reisvollkornmehl
100 g Speisestärke
1 TL Pfeilwurzstärke
¼ l Milch
3 frische Eier
etwa ½ TL Meersalz
Olivenöl zum Braten und für die Auflaufform

Quinoafüllung:
100 g schwarze Quinoa
¼ l Wasser, heiß oder kalt
Meersalz
200 g gegarte Kidneybohnen
1 Bund Frühlingszwiebeln
2 Knoblauchzehen
600 g Fleischtomaten
2 EL Olivenöl
Pfeffer, frisch gemahlen
1 TL Thymian, frisch gehackt
1 TL Rosmarin, frisch gehackt
1 TL Basilikum, frisch gehackt
100 g Emmentaler

- Reismehl, Speisestärke, Pfeilwurzstärke, Milch, Eier und Salz zu einem glatten Pfannkuchenteig verrühren und 10 Minuten quellen lassen. Etwas Olivenöl in einer Pfanne erhitzen und darin nacheinander aus dem Teig fünf Pfannkuchen ausbacken.
- Für die Füllung Quinoa mit Wasser und etwas Salz aufkochen und zugedeckt bei mäßiger Hitze 15 – 20 Minuten gar köcheln, bis die Flüssigkeit aufgesogen ist. Dabei ab und zu umrühren.

Heiß Geliebtes aus dem Ofen

- Gegarte Kidneybohnen in ein Sieb abgießen, abtropfen lassen und mit einer Gabel zerdrücken. Frühlingszwiebeln putzen und in dünne Ringe schneiden. Knoblauch schälen und fein hacken. Tomaten mit heißem Wasser überbrühen, häuten, entkernen und klein würfeln.
- In einer Pfanne das Olivenöl erhitzen, Zwiebeln und Knoblauch darin bei mittlerer Hitze unter Rühren 3 Minuten braten. Gegarte Quinoa, Bohnen und Tomaten zugeben und unterrühren. Mit Salz, Pfeffer und den gehackten Kräutern würzen und abschmecken. Etwa 10 Minuten offen köcheln.
- Backofen auf 200 °C (Ober- und Unterhitze) vorheizen. Emmentaler reiben. Den Boden einer runden Auflaufform fetten und darin abwechselnd Pfannkuchen und Sauce aufeinanderschichten. Mit einem Pfannkuchen enden und diesen mit Emmentaler bestreuen. Lasagne im heißen Ofen (Mitte) etwa 30 Minuten backen.
- Die fertig gebackene Lasagne in Stücke schneiden und servieren.

Wie das duftet!

HERZHAFTER QUINOA-BAUMKUCHEN MIT ROTWEINZWIEBELN

50 g rote Quinoa
125 ml Wasser, heiß oder kalt
Meersalz
400 g mehligkochende Kartoffeln
2 Zweige frischer Rosmarin
2 Zweige frischer Thymian
2 Zweige frischer Oregano
1 frische rote Chilischote
3 frische Eier
100 g Ricotta
2 EL Olivenöl
Pfeffer, frisch gemahlen
Muskat, frisch gerieben

Rotweinzwiebeln:
¼ l Rotwein oder roter Johannisbeersaft
100 ml Rotweinessig
150 ml Wasser, heiß oder kalt
2 Lorbeerblätter
½ TL Meersalz
½ TL Pfeffer, frisch gemahlen
1 kg rote Zwiebeln
250 ml Olivenöl
100 g Pflaumenmus

► Quinoa mit Wasser und etwas Salz aufkochen und zugedeckt bei mäßiger Hitze 15 – 20 Minuten gar köcheln, bis die Flüssigkeit aufgesogen ist. Dabei ab und zu umrühren. Anschließend etwas abkühlen lassen. Kartoffeln schälen, grob zerkleinern und in Wasser mit etwas Salz gar kochen.

Heiß Geliebtes aus dem Ofen

- Für die Rotweinzwiebeln den Rotwein oder Johannisbeersaft mit Rotweinessig, Wasser, Lorbeerblättern, Salz und Pfeffer aufkochen. Anschließend 30 Minuten auf der abgeschalteten Herdplatte ziehen lassen.
- Backofen auf 200 °C (Ober- und Unterhitze) mit Grillfunktion vorheizen. Blättchen von den Kräutern abzupfen und fein hacken. Chilischote putzen und klein würfeln. Eier trennen.
- Gegarte Kartoffeln noch warm durch die Kartoffelpresse drücken oder mit dem Kartoffelstampfer zerdrücken. Kartoffelmasse mit gegarter Quinoa, Ricotta, Eigelb und Olivenöl vermengen.
- Eiweiß mit einer 1 Prise Salz steif schlagen. Eischnee, gehackte Kräuter und Chilischote vorsichtig mit der Kartoffel-Quinoa-Masse vermengen. Mit Salz, Pfeffer und Muskat abschmecken.
- Boden einer Springform (Durchmesser 18 cm) mit Backpapier belegen. Teig gleichmäßig 0,5 cm dick aufstreichen. Im heißen Ofen etwa 5 Minuten goldbraun backen. Neue Teigschicht aufstreichen und ebenso backen. So fortfahren, bis der Teig aufgebraucht ist. Fertig gebackenen Baumkuchen warm halten.
- Weiter für die Rotweinzwiebeln die Zwiebeln schälen, halbieren und in dünne Scheiben schneiden. Olivenöl erhitzen und die Zwiebeln darin glasig anschwitzen. Die Lorbeerblätter aus dem Rotweinsud nehmen und die Zwiebeln mit dem Sud ablöschen. Pflaumenmus einrühren und anschließend noch etwas köcheln.
- Baumkuchen in Stücke schneiden und mit der Zwiebelsauce servieren.

Wie das duftet!

QUINOA-GEMÜSE-GRATIN

200 g Kartoffeln
1 Kohlrabi
250 g Möhren
1 Stange Lauch
400 g Brokkoli
1 rote Paprikaschote
Meersalz
Butter für die Auflaufform
200 g Bergkäse

Sauce:
180 g bunte Quinoa
450 ml Gemüsebrühe, heiß oder kalt
1 Zwiebel
3 Knoblauchzehen
50 g Butter
2 gehäufte EL Speisestärke
120 ml Milch
130 ml Sahne
Meersalz
Pfeffer, frisch gemahlen

➤ Für die Sauce Quinoa mit Gemüsebrühe aufkochen und zugedeckt bei mäßiger Hitze 15 – 20 Minuten gar köcheln, bis die Flüssigkeit aufgesogen ist. Dabei ab und zu umrühren. Anschließend etwas abkühlen lassen.
➤ Kartoffeln, Kohlrabi und Möhren schälen und in dünne Scheiben schneiden. Lauch putzen und in 1 cm breite Ringe schneiden. Brokkoli putzen und in kleine Röschen teilen. Paprika putzen, entkernen und in Streifen schneiden.
➤ In einem Topf reichlich Wasser mit etwas Salz erhitzen. Das vorbereitete Gemüse darin etwa 3 Minuten blanchieren. Mit einer Schöpfkelle aus dem Kochwasser nehmen, mit kaltem Wasser abschrecken.

Heiß Geliebtes aus dem Ofen

- Backofen auf 180 °C (Ober- und Unterhitze) vorheizen. Eine Auflaufform buttern. Weiter für die Sauce Zwiebel und Knoblauch schälen und klein würfeln. Butter in einer Pfanne erhitzen. Zwiebel und Knoblauch darin glasig dünsten. Mit Speisestärke bestäuben, gut umrühren. Milch und Sahne zugießen und unter Rühren kurz aufkochen. Gegarte Quinoa zugeben, vermengen und mit Salz und Pfeffer abschmecken.
- Gemüse in die vorbereitete Auflaufform geben und mit der Sauce übergießen. Bergkäse darüberreiben und im heißen Ofen (Mitte) etwa 50 Minuten backen.
- Fertig gebackenes Gratin aus dem Ofen nehmen und servieren.

Wie das duftet!

GEFÜLLTE WEINBLÄTTER

100 g bunte Quinoa
200 ml Gemüsebrühe, heiß oder kalt
12 Weinblätter, in Lake eingelegt
½ Bund Petersilie
2 Stängel frische Minze
1 EL Thymian, frisch gehackt
2 EL Olivenöl
1 TL gemahlener Kreuzkümmel
2 EL Pinienkerne
½ Bund Frühlingszwiebeln
8 Datteln, entsteint
Meersalz
Pfeffer, frisch gemahlen
500 g passierte Tomaten aus dem Glas

- Quinoa mit Gemüsebrühe aufkochen und zugedeckt bei mäßiger Hitze etwa 12 Minuten vorgaren, dabei ab und zu umrühren. Dann durch ein feines Sieb abgießen und abtropfen lassen.
- Weinblätter durch ein Sieb abgießen, eventuell mit Wasser abspülen und abtropfen lassen.
- Petersilie und Minze fein hacken. Vorgegarte Quinoa mit Petersilie, Minze, Thymian, Olivenöl und Kreuzkümmel verrühren.
- Frühlingszwiebeln putzen und ebenso wie die Datteln sehr klein schneiden. Pinienkerne grob hacken und in einer Pfanne ohne Fett goldbraun rösten. Die Pinienkerne mit den Frühlingszwiebeln und Datteln zur Quinoamasse geben. Vermischen und mit Salz und Pfeffer abschmecken.
- Backofen auf 180 °C (Ober- und Unterhitze) vorheizen. Die Weinblätter mit Küchenpapier trockentupfen. Jeweils 1 EL Quinoamasse in die Mitte eines Weinblatts geben. Die langen Blattseiten nach innen über die Füllung einschlagen und das Blatt vom Stielansatz zur Blattspitze hin fest aufrollen.

Heiß Geliebtes aus dem Ofen

- Passierte Tomaten in eine ofenfeste Form füllen. Gefüllte Weinblätter in die Form einschichten und im heißen Ofen (Mitte) 40 – 50 Minuten offen schmoren.
- Fertig gegarte Weinblätter aus dem Ofen nehmen und servieren.

> **TIPP:** Passend begleitet werden die gefüllten Weinblätter von einem Knoblauch-Joghurt-Dip.

Wie das duftet! ....

GEFÜLLTE CHAMPIGNONS

50 g schwarze Quinoa
125 ml Gemüsebrühe, heiß oder kalt
Butter zum Dünsten und für die Auflaufform
12 – 15 Riesenchampignons
½ Bund Frühlingszwiebeln
2 Knoblauchzehen
1 Bund Petersilie
150 g Ziegenfrischkäse
Meersalz
Pfeffer, frisch gemahlen
etwas Chilipulver
60 g Manchego

- ➤ Quinoa mit Gemüsebrühe aufkochen und zugedeckt bei mäßiger Hitze 15 – 20 Minuten gar köcheln, bis die Flüssigkeit aufgesogen ist. Dabei ab und zu umrühren.
- ➤ Backofen auf 200 °C (Ober- und Unterhitze) vorheizen. Den Boden einer Auflaufform buttern. Champignons putzen und gegebenenfalls mit einem weichen Tuch vorsichtig sauber reiben. Die Stiele der Champignons aus den Hüten herausdrehen und sehr klein würfeln. Frühlingszwiebeln in feine Ringe schneiden. Knoblauch schälen und klein hacken. Petersilie fein hacken.
- ➤ Etwas Butter in einer Pfanne erhitzen und Frühlingszwiebeln, Knoblauch und die gewürfelten Champignonstiele darin kurz andünsten. Anschließend in einer Schüssel mit der Petersilie, der gegarten Quinoa und dem Frischkäse verrühren. Mit Salz, Pfeffer und Chilipulver abschmecken.
- ➤ Manchego fein reiben. Die Quinoamasse in die Champignonköpfe füllen. Die gefüllten Champignons in die Auflaufform setzen, mit Manchego bestreuen und im heißen Ofen (Mitte) 12 – 15 Minuten backen.
- ➤ Fertig gebackene Champignons aus den Ofen nehmen und servieren.

TIPP: Dazu passt ein frischer Salat sehr gut.

QUINOA-SOUFFLÉ IM WIRSINGBETT

Olivenöl für die Förmchen
150 g Emmentaler
4 frische Eier
120 ml Sahne
40 g Quinoa, gemahlen (4 EL)
Meersalz
Pfeffer, frisch gemahlen
½ TL Currypulver

Wirsinggemüse:
800 g Wirsing
1 Zwiebel
1 rote Paprikaschote
400 ml Gemüsebrühe, heiß oder kalt
1 EL Zitronenthymian, frisch gehackt

➤ Backofen auf 200 °C (Ober- und Unterhitze) vorheizen. Vier ofenfeste Förmchen (Volumen jeweils etwa 150 ml) mit etwas Olivenöl fetten. Emmentaler fein reiben. Eier trennen.
➤ Eigelb mit Sahne, Quinoamehl und Emmentaler verrühren. Mit Salz, Pfeffer und Currypulver würzen. Eiweiß mit 1 Prise Salz steif schlagen und vorsichtig unter die Eigelbmasse heben. Die Masse auf die Förmchen verteilen und im heißen Ofen (Mitte) etwa 20 Minuten backen. Dabei den Ofen nicht öffnen.
➤ Währenddessen Wirsing putzen und in schmale Streifen schneiden. Zwiebel schälen, halbieren und in schmale Streifen schneiden. Paprika putzen und in Streifen schneiden.
➤ In einem Topf Zwiebelstreifen mit Gemüsebrühe aufkochen, zugedeckt bei mäßiger Hitze etwa 4 Minuten garen. Paprikastreifen und Wirsing in die Brühe geben und weitere 10 Minuten bei mäßiger Hitze garen. Wirsing mit Salz, Pfeffer und Thymian würzen und abschmecken.
➤ Fertig gebackene Quinoa-Soufflés mit dem Wirsinggemüse servieren.

Wie das duftet!

AUBERGINENTÜRMCHEN MIT QUINOA-BOLOGNESE

3 Auberginen
Meersalz
2 – 3 EL Olivenöl zum Braten
Olivenöl für die Auflaufform
100 g Parmesan

Quinoa-Bolognese:
70 g rote Quinoa
175 ml Wasser, heiß oder kalt
1 Zwiebel
2 Knoblauchzehen
1 Bund Basilikum
1 EL Olivenöl
500 g stückige Tomaten aus dem Glas
1 EL Tomatenmark
Meersalz
Pfeffer, frisch gemahlen

- ► Die Auberginen putzen und quer in 1 cm dicke Scheiben schneiden. Salzen und etwa 10 Minuten Wasser ziehen lassen. Anschließend mit Küchenpapier trockentupfen.
- ► Für die Bolognese die Quinoa mit dem Wasser aufkochen und zugedeckt bei mäßiger Hitze 15 – 20 Minuten gar köcheln, bis die Flüssigkeit aufgesogen ist. Dabei ab und zu umrühren.
- ► Zwiebel und Knoblauch schälen und klein hacken. Basilikumblätter von den Stängeln zupfen und fein schneiden. Olivenöl in einer Pfanne erhitzen und Zwiebel und Knoblauch darin anschwitzen. Gegarte Quinoa zugeben und mitbraten. Stückige Tomaten sowie Tomatenmark unterrühren und 10 – 30 Minuten zu einer dicklichen Sauce einkochen lassen. Mit Salz, Pfeffer und dem Basilikum würzen und abschmecken.

- Etwas Olivenöl in einer Pfanne erhitzen und die Auberginenscheiben bei mittlerer Hitze von beiden Seiten etwa 2 Minuten darin anbraten. Aus der Pfanne nehmen und kurz auf Küchenpapier entfetten. Backofen auf 200 °C (Ober- und Unterhitze) vorheizen. Den Boden einer Auflaufform mit etwas Olivenöl fetten.
- Parmesan in Späne hobeln. Auberginenscheiben in der Auflaufform zu acht gleich hohen Türmchen aufschichten: Dafür jeweils zunächst eine Auberginenscheibe in die Form legen, mit etwas Parmesan bestreuen, 1 EL Quinoa-Bolognese auf den Käse geben und eine weitere Auberginenscheibe aufsetzen. Erneut mit Parmesan und Sauce weiterschichten. So fortfahren, bis acht Türmchen entstanden sind. Die Auflaufform vorsichtig in den heißen Ofen (Mitte) schieben und die Türmchen 15 Minuten überbacken.
- Jeweils zwei Auberginentürmchen auf einem Teller anrichten und servieren.

Wie das duftet! ....

ARTISCHOCKEN-QUICHE

50 g Quinoa, gemahlen
40 g Reisvollkornmehl (5 EL)
140 g Speisestärke
2 TL Weinstein-Backpulver
1 TL Meersalz
150 g Butter
Butter für die Quicheform oder Springform
    (Durchmesser 26 cm)
Quinoamehl oder Reismehl
    für die Arbeitsfläche

Belag:
2 Möhren
240 g Artischockenherzen
    aus dem Glas
1 kleiner Zucchino
½ Zitrone
½ Bund Petersilie
250 g Ricotta
3 frische Eier
1 TL Thymian, frisch gehackt
1 TL Meersalz
½ TL Pfeffer, frisch gemahlen

➤ Quinoamehl, Reismehl, Speisestärke, Backpulver und Salz in einer Schüssel mischen. Die Butter in kleinen Flöckchen zur Mehlmischung geben und alles zu einem glatten Teig verkneten.
Den Teig abgedeckt mindestens 1 Stunde kalt stellen.
➤ Für den Belag die Möhren putzen, schräg in dünne Scheiben schneiden und in kochendem Wasser mit etwas Salz 5 Minuten bissfest garen. Die Artischockenherzen in ein Sieb geben und gut abtropfen lassen. Zucchino putzen und in Stifte schneiden oder raspeln. Die abgetropften Artischockenherzen vierteln. Saft der Zitrone auspressen. Petersilie fein hacken.

- In einer Schüssel Ricotta und die Eier mit Zitronensaft, Petersilie, Thymian, Salz und Pfeffer zu einem Guss verrühren.
- Backofen auf 180 °C (Ober- und Unterhitze) vorheizen. Quicheform oder Springform mit Butter einfetten. Den Teig auf einer leicht bemehlten Arbeitsfläche zu einem Kreis ausrollen (Durchmesser etwa 30 cm). Den Teig in die Backform legen, dabei einen 2 – 3 cm hohen Rand formen. Den Teigboden mehrmals mit einer Gabel einstechen.
- Die Ricottamischung auf den Teig gießen. Artischocken, Möhren und Zucchini darauf verteilen und die Quiche im heißen Ofen (Mitte) etwa 35 Minuten backen.
- Fertig gebackene Artischocken-Quiche aus dem Ofen nehmen, kurz abkühlen lassen und aus der Form nehmen. Schmeckt heiß ebenso gut wie kalt.

Wie das duftet!

LAUCH-MÖHREN-KUCHEN

natives Kokosöl für die Springform (Durchmesser 26 cm)
50 g weiße Quinoa, gemahlen
50 g Speisestärke
2 g Guarkernmehl (¼ – ⅓ TL)
1 TL Weinstein-Backpulver
1 MSP Meersalz
40 g Quark
1 EL natives Kokosöl, weich
2 frische Eigelb
Quinoamehl für die Arbeitsfläche

Belag:
700 g Lauch
200 g dünne Möhren
3 EL natives Kokosöl (30 g)
50 ml Wasser
1 TL Meersalz
½ TL Pfeffer, frisch gemahlen
150 g würziger Bergkäse
2 Zweige frischer Zitronenthymian
3 frische Eier
¼ l Sahne

► Boden und Rand einer Springform mit etwas Kokosöl fetten. Quinoamehl, Speisestärke, Guarkernmehl, Backpulver und Salz vermengen. Quark, Kokosöl und Eigelb dazugeben und alles zu einem glatten Teig verkneten.
► Den Teig auf einer leicht bemehlten Arbeitsfläche zu einem Kreis (Durchmesser etwa 35 cm) ausrollen. Teig in die Backform legen und dabei einen 3 – 4 cm hohen Rand formen. Im Kühlschrank etwa 20 Minuten abgedeckt ruhen lassen. Backofen auf 180 °C (Ober- und Unterhitze) vorheizen.

Heiß Geliebtes aus dem Ofen

- Für den Belag Lauch und Möhren putzen, der Länge nach halbieren und in etwa 4 cm lange Stücke schneiden. Kokosöl erhitzen, Lauch und Möhren darin kurz anschwitzen und Wasser angießen. Salzen, pfeffern und das Gemüse bei mittlerer Hitze etwa 12 Minuten zugedeckt dünsten.
- Bergkäse fein reiben. Thymianblättchen von den Zweigen zupfen und mit Eiern, Sahne, der Hälfte des Käses, Salz und Pfeffer verrühren.
- Lauch-Möhren-Gemüse gleichmäßig auf dem gekühlten Teig verteilen. Mit der Eier-Sahne-Mischung übergießen, mit dem restlichen Käse bestreuen. Den Kuchen im heißen Ofen (Mitte) 30 – 40 Minuten backen. Wird er gegen Ende der Backzeit zu dunkel, mit Alufolie oder Backpapier abdecken und fertig backen.
- Fertig gebackenen Lauch-Möhren-Kuchen aus dem Ofen nehmen, kurz abkühlen lassen und aus der Form nehmen. Schmeckt heiß und kalt sehr gut.

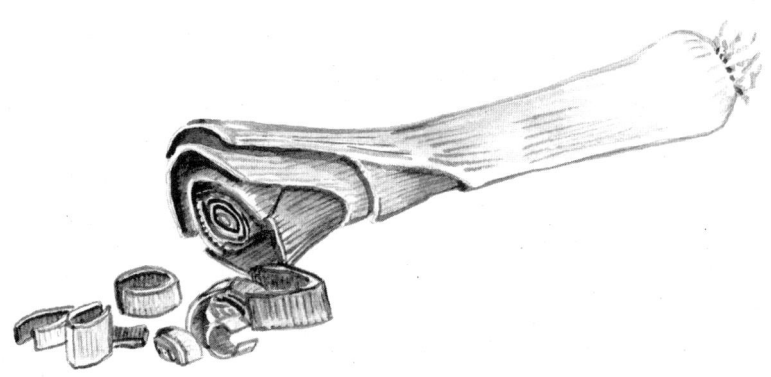

Wie das duftet!

SPITZKOHL-FLAMMKUCHEN MIT ZIEGENKÄSE

70 g Quinoa, gemahlen
70 g Reisvollkornmehl
110 g Speisestärke
1 TL Meersalz
etwa 125 ml Milch
½ Würfel frische Hefe
1 TL feiner Vollrohrzucker
2 EL Olivenöl
Quinoamehl oder Reismehl für die Arbeitsfläche

Belag:
2 rote Zwiebeln
1 kleinen Spitzkohl
2 EL Olivenöl zum Braten plus etwas Olivenöl zum Bestreichen
250 g Ziegenfrischkäse
2 EL Milch
Meersalz
Pfeffer, frisch gemahlen
150 g halbfester Ziegenschnittkäse (zum Beispiel Tomme de Chèvre)

➤ Quinoamehl, Reismehl, Speisestärke und Salz in einer Schüssel mischen. Die Milch lauwarm erwärmen, Hefe und Zucker unter Rühren darin auflösen. Hefemilch und Olivenöl zur Mehlmischung geben und alles zu einem glatten Teig verkneten. Teig zugedeckt an einem warmen Ort etwa 30 Minuten gehen lassen.

➤ Inzwischen für den Belag die Zwiebeln schälen und in Ringe schneiden. Spitzkohl putzen, halbieren, den Strunk entfernen und den Kohl in dünne Streifen schneiden. In einer Pfanne das Olivenöl erhitzen und die Kohlstreifen darin etwa 3 Minuten anbraten.

- Ein Backblech mit Backpapier belegen. Den Teig auf einer leicht bemehlten Arbeitsfläche dünn ausrollen und auf das Backblech legen. Mit etwas Olivenöl bestreichen. Erneut zugedeckt an einem warmen Ort etwa 20 Minuten gehen lassen.
- Backofen auf 180 °C (Ober- und Unterhitze) vorheizen. Ziegenfrischkäse mit Milch verrühren, mit Salz und Pfeffer abschmecken. Ziegenschnittkäse reiben. Teig mit der Ziegenfrischkäsecreme bestreichen. Mit Kohlstreifen und Zwiebelringen gleichmäßig belegen. Den geriebenen Ziegenkäse darüberstreuen und den Flammkuchen im heißen Ofen (Mitte) etwa 20 Minuten backen.
- Fertig gebackenen Flammkuchen aus dem Ofen nehmen, kurz abkühlen lassen und vom Blech nehmen. Heiß oder abgekühlt servieren.

LUSTVOLL GENIESSEN

GUTES AUS PFANNE UND TOPF

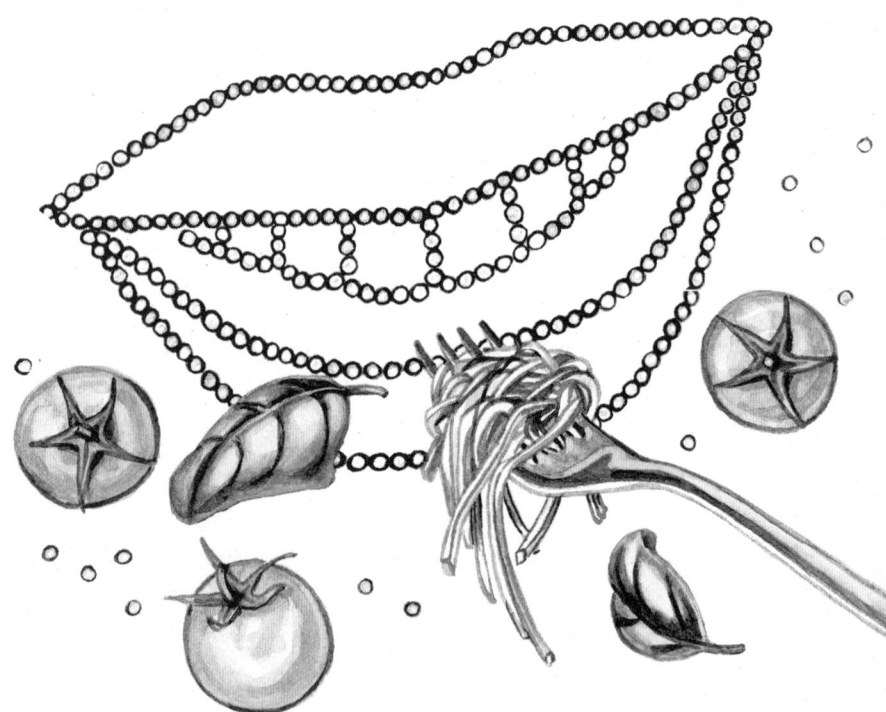

GEFÜLLTE PAPRIKA MIT PAK CHOI

100 g Quinoa
550 ml Gemüsebrühe, heiß oder kalt
4 Paprikaschoten (jeweils etwa 200 g)
2 kleine rote Zwiebeln
500 g Fleischtomaten
200 g Pak Choi
4 EL Olivenöl
2 EL Tomatenmark
Meersalz
Pfeffer, frisch gemahlen
1 EL Oregano, frisch gehackt
1 Prise feiner Vollrohrzucker

- Quinoa mit ¼ l Gemüsebrühe aufkochen und zugedeckt bei mäßiger Hitze 15 – 20 Minuten gar köcheln, bis die Flüssigkeit aufgesogen ist. Dabei ab und zu umrühren.
- Von den Paprikaschoten die oberen Enden als Deckel abschneiden und die Deckel zur Seite legen. Die Schoten entkernen. Zwiebeln schälen und klein würfeln. Tomaten mit heißem Wasser überbrühen, häuten, entkernen und klein schneiden. Pak Choi putzen und in dünne Streifen schneiden.
- 2 EL Olivenöl in einer Pfanne erhitzen. Pak Choi und die Hälfte der Zwiebelwürfel darin 4 Minuten bei mittlerer Hitze braten. Gegarte Quinoa unterrühren und kurz mitbraten. Die Hälfte der Tomatenwürfel und 1 EL Tomatenmark zugeben. Alles gut verrühren und mit Salz, Pfeffer und Oregano abschmecken.
- Die Masse in die vorbereiteten Paprikaschoten füllen und die Deckel auf die Schoten legen.
- 2 EL Olivenöl in einem großen Topf erhitzen und die restlichen Zwiebelwürfel darin anbraten. Mit 300 ml Gemüsebrühe, den restlichen Tomatenwürfeln und 1 EL Tomatenmark verrühren. Mit Salz, Pfeffer und Zucker abschmecken.
- Die gefüllten Paprikaschoten in die Sauce stellen und zugedeckt bei mäßiger Hitze etwa 40 Minuten köcheln. Anschließend warm servieren.

Lustvoll genießen

WIRSINGPÄCKCHEN
MIT QUINOA-MARONEN-FÜLLUNG

Quinoa-Maronen-Füllung:
1 Möhre
1 Zwiebel
1 Knoblauchzehe
1 Stange Staudensellerie
400 g Maronen, gegart und geschält
50 g Butter
80 g Quinoa
200 ml Gemüsebrühe, heiß oder kalt
½ Bund Petersilie
2 ½ EL Sahne
1 frisches Ei
1 TL Liebstöckel, frisch gehackt
Meersalz
Pfeffer, frisch gemahlen

4 – 6 Blätter Wirsing
Meersalz
2 EL Butter (30 g)
1 EL Reisvollkornmehl
100 ml Weißwein oder Gemüsebrühe
¼ l Gemüsebrühe, heiß oder kalt
100 ml Sahne
Pfeffer, frisch gemahlen

- ► Für die Füllung die Möhre putzen und in kleine Würfel schneiden. Zwiebel und Knoblauch schälen und klein würfeln. Sellerie putzen und in 1 cm breite Scheiben schneiden. Maronen klein hacken.
- ► In einem Topf die Butter für die Füllung erhitzen. Zwiebel, Knoblauch, Sellerie, Möhre und Maronen darin bei mittlerer Hitze 2 Minuten anschwitzen. Quinoa zugeben und mit der Gemüsebrühe ablöschen. Alles zugedeckt bei mäßiger Hitze 25 Minuten gar köcheln. Anschließend etwas abkühlen lassen.

- Inzwischen die Wirsingblätter putzen und in kochendem Wasser mit etwas Salz 5 Minuten blanchieren. Mit einer Schaumkelle aus dem Wasser nehmen und in einem Sieb abtropfen lassen.
- Weiter für die Füllung die Petersilie fein hacken. Sahne und Ei zur Gemüse-Quinoa-Masse geben und pürieren. Petersilie und Liebstöckel unterrühren, die Masse mit Salz und Pfeffer abschmecken.
- Je nach Größe der Wirsingblätter 1 – 2 EL der Quinoamasse auf die Mitte jedes Wirsingblattes geben. Die Seiten über die Masse schlagen und das Blatt aufwickeln. Eventuell mit Küchengarn zusammenbinden.
- In einer Pfanne die Butter erhitzen. Die Wirsingpäckchen darin von allen Seiten kurz anbraten. Päckchen aus der Pfanne nehmen. Das Mehl zur heißen Butter in die Pfanne geben, einrühren und mit Weißwein und Gemüsebrühe ablöschen (bei Zubereitung ohne Weißwein: 350 ml Gemüsebrühe). Sahne zugießen und die Sauce mit Salz und Pfeffer abschmecken.
- Wirsingpäckchen in die Sauce setzen und 15 Minuten bei mäßiger Hitze köcheln, dabei die Pfanne mit einem Deckel abdecken. Die Päckchen heiß servieren.

TIPPS: Dazu passen Salzkartoffeln sehr gut.
Statt Staudensellerie kann man für die Füllung auch Knollensellerie nehmen – die Wirsingpäckchen schmecken damit ebenso gut.

Lustvoll genießen

QUINOANUDELN MIT LINSEN

Nudeln:
100 g Quinoa, gemahlen
60 g Reisvollkornmehl
200 g Speisestärke
2 frische Eier
4 frische Eigelb
6 EL Olivenöl
1 TL Meersalz
Quinoamehl oder Reismehl für die Arbeitsfläche

Linsen:
250 g rote Linsen
etwa ½ l Wasser, kalt
3 Zwiebeln
1 Knoblauchzehe
2 Fleischtomaten
½ Bund Petersilie
3 EL Olivenöl
500 g passierte Tomaten aus dem Glas
Meersalz
Pfeffer, frisch gemahlen
50 g Parmesan

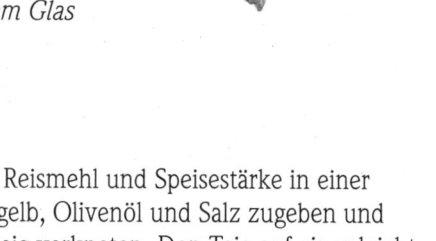

➤ Für die Nudeln Quinoamehl, Reismehl und Speisestärke in einer Schüssel vermischen. Eier, Eigelb, Olivenöl und Salz zugeben und alles zu einem glatten Nudelteig verkneten. Den Teig auf einer leicht bemehlten Arbeitsfläche 3 mm dünn ausrollen. Teigplatte in 1 cm breite Streifen und die Streifen in Quadrate schneiden.

➤ Linsen mit dem Wasser zugedeckt bei mäßiger Hitze 10 – 15 Minuten gar köcheln. Dabei ab und zu umrühren, eventuell noch Wasser zugießen. Gegarte Linsen durch ein Sieb abgießen und abtropfen lassen.

Gutes aus Pfanne und Topf

- ➤ Zwiebeln und Knoblauch schälen und würfeln. Tomaten mit heißem Wasser überbrühen, häuten, entkernen und klein schneiden. Petersilie fein hacken.
- ➤ Olivenöl in einem Topf erhitzen und die Zwiebeln darin glasig dünsten. Knoblauch zugeben und kurz mitbraten. Tomatenwürfel, passierte Tomaten und Petersilie zugeben. Gegarte Linsen unterrühren, mit Salz und Pfeffer abschmecken und warm halten.
- ➤ In einem Topf reichlich Wasser mit Salz zum Kochen bringen und die Nudelquadrate darin unter Rühren 6 – 8 Minuten bissfest garen. Parmesan reiben. Die Nudeln abgießen und in einer Schüssel anrichten. Linsen in die Mitte geben, mit Parmesan bestreuen und servieren.

Lustvoll genießen

GEFÜLLTE TEIGTASCHEN AUF GEMÜSEBETT

Füllung:
50 g rote Quinoa
125 ml Wasser, heiß oder kalt
Meersalz
200 g braune Champignons
4 EL Sojasauce
1 l Gemüsebrühe, heiß oder kalt

Teig:
50 g Braunhirsemehl
50 g Reisvollkornmehl
100 g Speisestärke
2 TL Pfeilwurzstärke
Meersalz
1 frisches Ei
1 frisches Eigelb
6 EL Olivenöl
Reismehl für die Arbeitsfläche

Gemüse:
2 Möhren
2 gelbe Paprikaschoten
200 g Zuckerschoten
Meersalz
1 Bund Frühlingszwiebeln
30 g frischer Ingwer
1 EL Olivenöl
400 ml Kokosmilch
1 TL Currypulver
Pfeffer, frisch gemahlen

- Für die Füllung Quinoa mit dem Wasser und etwas Salz aufkochen und zugedeckt bei mäßiger Hitze 15 – 20 Minuten gar köcheln, bis die Flüssigkeit aufgesogen ist. Dabei ab und zu umrühren.
- Inzwischen das Gemüse putzen: Möhren schräg in dünne Scheiben schneiden. Paprika halbieren, entkernen und in schmale Streifen schneiden. Zuckerschoten in reichlich Wasser mit etwas Salz etwa 1 Minuten blanchieren. Anschließend durch ein Sieb abgießen und mit kaltem Wasser abschrecken. Frühlingszwiebeln in feine Ringe schneiden. Ingwer schälen und sehr klein schneiden.
- Champignons putzen und in Scheiben schneiden.
- Für den Teig Braunhirsemehl, Reismehl, Speisestärke und Pfeilwurzstärke in einer Schüssel vermischen. Etwas Salz, Ei, Eigelb und Olivenöl zugeben und alles zu einem glatten Teig verkneten. Den Teig auf einer leicht bemehlten Arbeitsfläche 3 mm dünn ausrollen. Teigplatte in 10 × 10 cm große Quadrate schneiden.
- Gegarte Quinoa mit Champignons und Sojasauce verrühren und jeweils etwas davon mittig auf den Teigquadraten verteilen. Jeweils zwei gegenüberliegende Seiten der Quadrate über der Masse zusammenschlagen und die Teigstücke zu Taschen aufwickeln.
- In einem Topf die Gemüsebrühe erhitzen und die Teigtaschen darin etwa 8 Minuten bei mäßiger Hitze gar ziehen lassen.
- Weiter für das Gemüse das Olivenöl in einem Topf erhitzen. Das vorbereitete Gemüse darin anschwitzen. Mit Kokosmilch ablöschen und mit Currypulver, Salz und Pfeffer abschmecken. Das Gemüse etwa 5 Minuten bei mittlerer Hitze köcheln.
- Fertig gegarte Teigtaschen aus der Brühe nehmen und mit dem Gemüse servieren.

Lustvoll genießen

GAUNERSCHASCHLIK MIT CURRY-KETCHUP

2 Knoblauchzehen
2 EL Butter (30 g)
1 l Wasser, heiß oder kalt
1 TL Meersalz
½ TL Pfeffer, frisch gemahlen
90 g Maisgrieß
40 g Quinoa (4 EL)
6 EL Erdnussöl
1 EL Oregano, frisch gehackt
1 EL Thymian, frisch gehackt
1 EL Rosmarin, frisch gehackt
1 grüne Paprikaschote
300 g kleine Champignons
2 rote Zwiebeln
300 g Halloumi

Curry-Ketchup:
½ Limette
1 EL feiner Vollrohrzucker
2 EL Olivenöl
1 TL Currypulver
500 g stückige Tomaten aus dem Glas

➤ Für das Ketchup den Saft der Limette auspressen. Zucker, Olivenöl, Limettensaft, Currypulver und Tomaten in einem Topf erhitzen und bei mittlerer Hitze so lange köcheln, bis die Sauce eingedickt ist. Dabei ab und zu umrühren. Anschließend das Ketchup pürieren.

➤ Knoblauch schälen und sehr fein hacken. In einem Topf die Butter erhitzen und den Knoblauch darin anschwitzen. Wasser mit Salz und Pfeffer zugießen und aufkochen. Nach und nach unter Rühren die Polenta und Quinoa zugeben und 3 Minuten offen weiterkochen, bis es zu einer dickeren Masse wird.

Gutes aus Pfanne und Topf

- Die Temperatur auf mäßige Hitze reduzieren und die Polenta zugedeckt 10 – 12 Minuten köcheln, bis sie sehr dick geworden ist. Dabei umrühren. Ein Backblech mit Backpapier belegen und die Polenta darauf gleichmäßig 2 cm dick verstreichen. Abkühlen lassen.
- Währenddessen Erdnussöl mit Oregano, Thymian und Rosmarin verrühren. Paprika putzen, entkernen und in mundgerechte Stücke schneiden. Champignons putzen. Zwiebeln schälen. Eine Zwiebel sehr klein würfeln, die andere in mundgerechte Stücke schneiden. Halloumi in 2 × 2 cm große Würfel schneiden.
- Polenta vorsichtig vom Blech heben, stürzen, das Papier abziehen und die Polenta in 2 × 2 cm große Stücke schneiden.
- Paprika, Pilze, Zwiebelstücke, Halloumi und Polenta mit dem Kräuter-Erdnussöl bepinseln. Abwechselnd Polenta, Käse, Pilze und Gemüse auf acht bis zehn Grillspieße stecken. Elektro-Grill auf 180 – 200 °C indirekte, mittlere Hitze vorbereiten. Die Spieße bei geschlossenem Grilldeckel unter Wenden etwa 15 Minuten grillen.
- Fertig gegrillte Spieße mit dem Curry-Ketchup servieren.

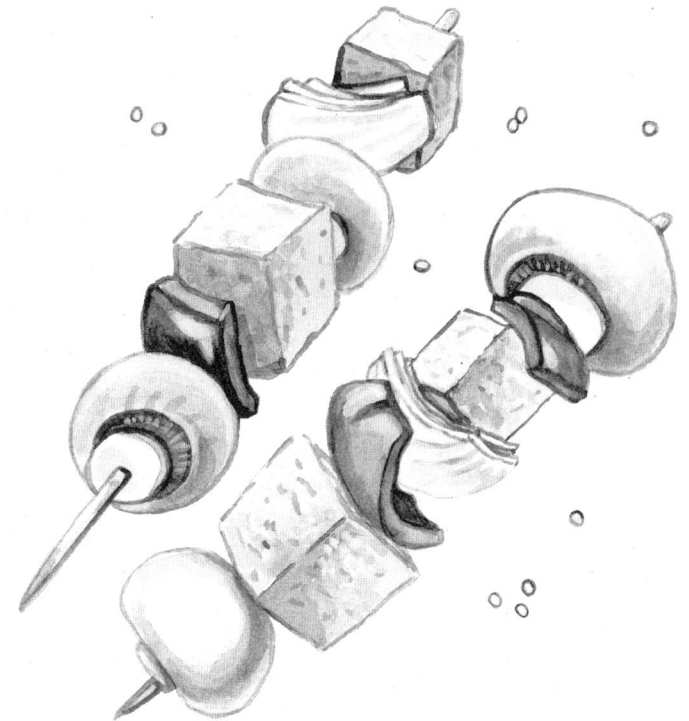

GEFÜLLTE KARTOFFEL-QUINOA-KNÖDEL MIT SPITZKOHLGEMÜSE

900 g Kartoffeln
Meersalz
150 g Quinoa
375 ml Wasser
200 g Champignons
100 g getrocknete Tomaten
1 Zwiebel
10 Blätter frisches Basilikum
1 EL Olivenöl
etwa 120 g Speisestärke
3 frische Eigelb
½ TL Pfeffer, frisch gemahlen
etwas Muskat, frisch gerieben

Spitzkohlgemüse:
800 g Spitzkohl
50 g Butter
100 ml Gemüsebrühe
200 ml Sahne
Meersalz
Pfeffer, frisch gemahlen

► Kartoffeln schälen, grob zerkleinern und in Wasser mit etwas Salz gar kochen. Quinoa mit Wasser und etwas Salz aufkochen und zugedeckt bei mäßiger Hitze 15 – 20 Minuten gar köcheln, bis die Flüssigkeit aufgesogen ist. Dabei ab und zu umrühren. Anschließend etwas abkühlen lassen.

► Für die Füllung die Champignons putzen und klein würfeln. Tomaten klein schneiden. Zwiebel schälen und klein würfeln. Basilikum klein hacken. Das Öl in einer Pfanne erhitzen und die Zwiebel darin glasig braten. Champignons und Tomaten zugeben und 2 Minuten bei mäßiger Hitze braten. Pfanne vom Herd nehmen und Basilikum untermischen.

- Das Kochwasser der Kartoffeln abgießen und die Kartoffeln durch eine Kartoffelpresse drücken oder mit dem Kartoffelstampfer zerkleinern. In einer großen Schüssel das Kartoffelpüree mit der gegarten Quinoa, Speisestärke, Eigelb, 1 TL Salz, Pfeffer und Muskat zu einer festen Masse verkneten. Aus der Masse Knödel formen – zum Beispiel acht Stück, mehr oder weniger nach Geschmack – und dabei jeweils mit etwas Pilzmischung füllen.
- In einem großen Topf reichlich Wasser mit etwas Salz aufkochen und die Knödel darin bei mäßiger Hitze 15 – 20 Minuten gar ziehen lassen.
- Währenddessen für das Spitzkohlgemüse den Spitzkohl putzen, halbieren, den harten Strunk entfernen und den Kohl in dünne Streifen schneiden. Die Butter in einem Topf erhitzen und den Kohl darin bei mittlerer Hitze etwa 4 Minuten dünsten. Die Gemüsebrühe und Sahne zugießen und zugedeckt etwa 15 Minuten garen. Mit Salz und Pfeffer abschmecken.
- Fertig gegarte Knödel mit einem Schaumlöffel aus dem Wasser heben, abtropfen lassen und mit dem Spitzkohlgemüse servieren.

> **TIPPS:** Die Knödel schmecken auch mit einer Füllung aus Bergkäse gut: Dafür etwa 200 g Bergkäse in kleine Würfel schneiden. Pro Knödel etwas Teig in der Hand flach drücken. Bergkäse – ein Stück oder auch mehrere, je nach Geschmack und Größe des Knödels – in die Mitte geben und den Teig zu einem Knödel formen.
> Oder servieren Sie statt des Wirsings eine Sherry-Sahne-Sauce zu den Knödeln: 1 große Zwiebel schälen und klein schneiden. 1 EL eingelegte grüne Pfefferkörner aus dem Glas leicht zerdrücken. 1 EL Butter in einem Topf erhitzen. Zwiebel darin glasig braten. Pfefferkörner zugeben und kurz mitbraten. Mit 50 ml Sherry, Gemüsebrühe oder Pflaumensaft ablöschen. 400 ml Sahne angießen, mit Meersalz und frisch gemahlenem Pfeffer abschmecken und 3 Minuten bei mittlerer Hitze köcheln.

Lustvoll genießen

GEGRILLTE KRÄUTEREIER

70 g rote Quinoa
175 ml Gemüsebrühe, heiß oder kalt
100 g Greyerzer
½ Bund Frühlingszwiebeln
8 frische Eier
2 EL Limettensaft, frisch gepresst
200 g Crème fraîche
1 EL Dill, frisch gehackt
1 EL Kerbel, frisch gehackt
1 EL Sauerampfer, frisch gehackt
1 EL Petersilie, frisch gehackt
Meersalz (Menge nach Würze des Käses, etwa 1 TL)
½ TL Pfeffer, frisch gemahlen
2 EL Erdnussöl

➤ Quinoa mit Gemüsebrühe aufkochen und zugedeckt bei mäßiger Hitze 15 – 20 Minuten gar köcheln, bis die Flüssigkeit aufgesogen ist. Dabei ab und zu umrühren. Anschließend etwas abkühlen lassen.

➤ Greyerzer fein reiben. Frühlingszwiebeln putzen und in feine Ringe schneiden.

➤ Eier mit Limettensaft, Crème fraîche und Greyerzer verrühren. Frühlingszwiebeln, gegarte Quinoa und gehackte Kräuter zur Eimasse geben, salzen und pfeffern.

➤ Elektro-Grill auf 180 – 200 °C indirekte, mittlere Hitze vorbereiten. Das Erdnussöl in eine Grillschale oder Pfanne geben und auf dem Grill erhitzen. Die Eimasse in die Schale füllen und bei geschlossenem Grilldeckel etwa 10 Minuten stocken lassen. Bei Zubereitung in einer Pfanne auf dem Herd ebenso verfahren. Die Eier sind gar, wenn die Masse bei Fingerdruck leicht federnd nachgibt. Dann servieren.

SCHNELLE LINSEN-QUINOA-SPEISE

1 rote Paprikaschote
1 Bund Frühlingszwiebeln
2 Knoblauchzehen
30 g frischer Ingwer
2 EL Olivenöl
½ TL Kurkuma
½ TL Chilipulver
½ TL Paprikapulver
½ TL gemahlener Kreuzkümmel
½ TL gemahlener Koriander
400 g rote Linsen
100 g schwarze Quinoa
1 l Gemüsebrühe, heiß oder kalt
1 Lorbeerblatt
Meersalz
Pfeffer, frisch gemahlen

- Paprika putzen, entkernen und klein würfeln. Frühlingszwiebeln putzen und in feine Ringe schneiden. Knoblauch und Ingwer schälen und fein hacken.
- In einem Topf das Olivenöl erhitzen. Frühlingszwiebeln, Knoblauch und Ingwer darin 2 Minuten anschwitzen. Paprikawürfel zugeben und kurz weiterbraten.
- Die gemahlenen Gewürze zugeben und etwas anschwitzen. Linsen und Quinoa zugeben und kurz mitbraten. Mit der Gemüsebrühe ablöschen, Lorbeerblatt zugeben und zugedeckt bei mäßiger Hitze etwa 30 Minuten köcheln. Dabei ab und zu umrühren. Wird das Linsengericht zu dick, etwas Wasser zugießen.
- Zum Schluss das Lorbeerblatt entfernen, die Linsenspeise mit Salz und Pfeffer abschmecken und servieren.

Lustvoll genießen

QUINOA-CHILI

1 rote Zwiebel
1 Knoblauchzehe
1 frische rote Chilischote
300 g gegarte Kidneybohnen
200 g gegarte Maiskörner
2 EL Olivenöl
200 g schwarze Quinoa
½ l Gemüsebrühe, heiß oder kalt
2 EL scharfes Tomatenmark
400 g stückige Tomaten aus dem Glas
½ Bund Petersilie
Meersalz
Pfeffer, frisch gemahlen
½ TL gemahlener Kreuzkümmel

- Zwiebel und Knoblauch schälen und klein hacken. Chili putzen und klein schneiden. Gegarte Kidneybohnen und gegarten Mais durch ein Sieb abgießen und abtropfen lassen.
- Olivenöl in einem Topf erhitzen. Zwiebel, Knoblauch und Chili darin 2 – 3 Minuten anschwitzen. Quinoa zugeben und kurz mitbraten. Mit der Gemüsebrühe ablöschen. Tomatenmark, stückige Tomaten, Kidneybohnen und Mais zugeben. Gut durchrühren und zugedeckt bei mäßiger Hitze 15 – 20 Minuten köcheln. Dabei ab und zu umrühren.
- Petersilie fein hacken und zum Quinoa-Chili geben. Chili mit Salz, Pfeffer und Kreuzkümmel abschmecken und servieren.

KÜRBIS-QUINOTTO

600 g Hokkaidokürbis
2 Zwiebeln
2 Knoblauchzehen
200 g Pfifferlinge
6 EL Olivenöl
200 g rote Quinoa
1 Lorbeerblatt
200 ml Weißwein, alkoholfreier Wein oder Gemüsebrühe
1,2 l Gemüsebrühe, heiß
Meersalz
Pfeffer, frisch gemahlen
100 g Parmesan
1 Schale Kresse
2 EL Butter (30 g)

➤ Backofen auf 200 °C (Ober- und Unterhitze) vorheizen. Kürbis putzen, mithilfe eines Löffels entkernen und auf ein Backblech legen. Im heißen Ofen (Mitte) 30 – 45 Minuten weich backen. Aus dem Ofen nehmen, abkühlen lassen, in Stücke schneiden und pürieren.
➤ Zwiebeln und Knoblauch schälen und klein schneiden. Pfifferlinge putzen und vorsichtig mit einem Tuch oder Pinsel säubern. Pilze halbieren, wenn sie sehr groß sind.
➤ Das Öl in einem Topf erhitzen. Zwiebeln und Knoblauch darin glasig dünsten. Quinoa und Lorbeerblatt zugeben und kurz mitdünsten. Mit Weißwein, alkoholfreiem Wein oder Brühe ablöschen und die Flüssigkeit verkochen lassen. So viel Gemüsebrühe zugießen, dass die Quinoa bedeckt ist, und bei mäßiger Hitze unter Rühren köcheln. Ist die Brühe eingekocht, erneut etwas Brühe nachgießen.
➤ Nach 15 Minuten Garzeit das Kürbispüree und die Pfifferlinge untermischen. 5 – 10 Minuten weitergaren und – falls nötig – noch etwas Brühe dazugeben. Eventuell bleibt etwas Brühe übrig (ich bereite lieber etwas mehr Brühe vor, als dass es zu wenig ist).
➤ Parmesan fein reiben. Die Kresse aus dem Schälchen ernten. Butter unter das Quinotto rühren und mit Salz und Pfeffer abschmecken. Quinotto mit geriebenem Parmesan und Kresse bestreut servieren.

Lustvoll genießen

GEMÜSE-TAGLIATELLE MIT QUINOA-BOLOGNESE

250 g Möhren
250 g Zucchini
200 g Pastinaken
1 Stange Lauch
3 EL Olivenöl
Meersalz
70 g Parmesan

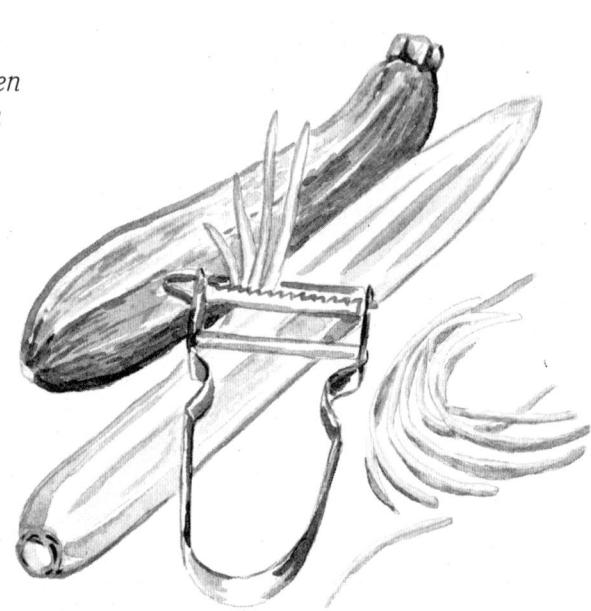

Quinoa-Bolognese:
1 kleine Zwiebel
1 EL Olivenöl
150 g rote Quinoa
400 ml Gemüsebrühe, heiß oder kalt
3 EL Tomatenmark
1 EL Oregano, frisch gehackt
1 EL Bärlauch, frisch gehackt
1 EL Basilikum, frisch gehackt
Meersalz
Pfeffer, frisch gemahlen

- Für die Bolognese Zwiebel schälen und in kleine Würfel schneiden. In einem Topf das Olivenöl erhitzen und die Zwiebel darin glasig dünsten. Quinoa zugeben und kurz mitdünsten. Mit der Gemüsebrühe ablöschen. Tomatenmark unterrühren und zugedeckt bei mäßiger Hitze 15 – 20 Minuten köcheln. Dabei ab und zu umrühren.
- Inzwischen das Gemüse putzen und vorbereiten: Möhren, Zucchini und Pastinaken mit einem Sparschäler oder mithilfe eines Gemüse-Spaghetti-Schneiders in dünne, schmale, lange Streifen schneiden. Lauch putzen und längs halbieren. Die Lauchblätter voneinander trennen und längs halbieren. Das Olivenöl in einer Pfanne erhitzen. Möhren, Zucchini und Pastinaken darin 1 Minuten unter Rühren bei mittlerer Hitze anbraten. Lauchstreifen zugeben und weitere 2 Minuten braten. Das Gemüse leicht salzen.
- Die gehackten Kräuter zur gegarten Quinoa geben, unterrühren und die Bolognese mit Salz und Pfeffer abschmecken.
- Die Gemüsestreifen auf eine Platte geben. Quinoa mittig darauf verteilen, den Parmesan in Spänen darüberreiben und das Gericht servieren.

Lustvoll genießen

QUINOA-MÖHREN-CURRY

2 Schalotten
200 g Möhren
1 Knoblauchzehe
30 g frischer Ingwer
1 Baby-Ananas
½ Bund Frühlingszwiebeln
50 g Erdnüsse ohne Salz
2 EL Butter (30 g)
200 g Quinoa
1 EL Currypulver
½ l Gemüsebrühe, heiß oder kalt
200 ml Kokosmilch
½ Bund Petersilie
Meersalz
Pfeffer, frisch gemahlen

- Schalotten schälen und vierteln. Möhren putzen und schräg in dünne Scheiben schneiden. Knoblauch und Ingwer schälen und klein hacken. Ananas schälen und in mundgerechte Stücke schneiden, dabei den harten Strunk entfernen. Frühlingszwiebeln putzen und in feine Ringe schneiden.
- Erdnüsse in einer Pfanne ohne Fett goldbraun rösten. Auf einem Teller abkühlen lassen.
- In einem Topf die Butter erhitzen. Schalotten, Möhren und Frühlingszwiebeln darin bei mittlerer Hitze 2 Minuten andünsten. Knoblauch, Quinoa, Ananas und Currypulver zugeben und gut mischen. Mit Gemüsebrühe und Kokosmilch ablöschen und zugedeckt bei mäßiger Hitze 15 – 20 Minuten köcheln. Dabei ab und zu umrühren.
- Petersilie fein hacken und zum Curry geben. Das Curry mit Salz und Pfeffer abschmecken, die Erdnüsse unterheben und das Curry servieren.

ROTE QUINOA
MIT BROKKOLI-PISTAZIEN-PESTO

200 g rote Quinoa
½ l Wasser, heiß oder kalt
Meersalz
500 g Brokkoli
1 Zwiebel
1 Knoblauchzehe
½ Bund Petersilie
80 g Parmesan
50 g Pistazien ohne Salz
200 g Schmand oder saure Sahne
100 ml Olivenöl
1 TL scharfer Senf
Pfeffer, frisch gemahlen
1 EL Butter (15 g)

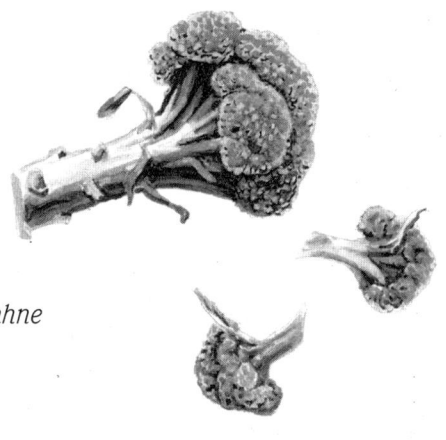

- Quinoa mit Wasser und etwas Salz aufkochen und zugedeckt bei mäßiger Hitze 15 – 20 Minuten gar köcheln, bis die Flüssigkeit aufgesogen ist. Dabei ab und zu umrühren.
- Brokkoli putzen, in kleine Röschen teilen und in reichlich Wasser mit etwas Salz etwa 3 Minuten blanchieren. Aus dem heißen Wasser nehmen und mit kaltem Wasser abschrecken.
- Zwiebel und Knoblauch schälen und klein schneiden. Petersilie fein hacken. Parmesan fein reiben. Pistazien fein hacken.
- Ein Drittel des blanchierten Brokkolis mit Pistazien, der Hälfte des Parmesans, Knoblauch, Schmand oder saurer Sahne, Olivenöl und Senf pürieren. Die Petersilie unterrühren und das Pesto mit Salz und Pfeffer abschmecken.
- Butter in einer Pfanne erhitzen. Zwiebeln und restlichen Brokkoli darin etwa 5 Minuten bei mittlerer Hitze braten. Gegarte Quinoa zugeben und kurz mitbraten. Pesto unterrühren und das Gericht mit dem restlichen Parmesan bestreut servieren.

Lustvoll genießen

ZUCCHINI-KICHERERBSEN-GEMÜSE VOM GRILL MIT QUINOA

100 g schwarze Quinoa
¼ l Gemüsebrühe, heiß oder kalt
2 Zucchini
3 Knoblauchzehen
3 EL Erdnussöl
200 g gegarte Kichererbsen
½ Bund Minze
1 EL Kapern
1 EL Oregano, frisch gehackt
1 EL Thymian, frisch gehackt
Meersalz
Pfeffer, frisch gemahlen
250 g Feta
300 g junge Spinatblätter

- Quinoa mit Gemüsebrühe aufkochen und zugedeckt bei mäßiger Hitze 15 – 20 Minuten gar köcheln, bis die Flüssigkeit aufgesogen ist. Dabei ab und zu umrühren.
- Zucchini putzen und in 1 cm dicke Scheiben schneiden. Knoblauch schälen und fein hacken. Knoblauch mit dem Erdnussöl verrühren. Die Zucchinischeiben mit dem Knoblauchöl einpinseln und 20 Minuten ziehen lassen. Das restliche Knoblauchöl zur Seite stellen.
- Gegarte Kichererbsen in ein Sieb abgießen und abtropfen lassen. Minze fein hacken. Den Elektro-Grill auf 180 – 200 °C indirekte, mittlere Hitze vorbereiten. Zucchinischeiben in einer Grillschale oder Pfanne auf dem Grill 6 – 8 Minuten offen grillen. Dabei wenden. Bei Zubereitung in der Pfanne auf dem Herd ebenso verfahren.
- Zucchinistücke in der Grillschale oder Pfanne mit den Kichererbsen, restlichem Knoblauchöl, Kapern, Minze, Oregano, Thymian, etwas Salz und Pfeffer vermengen. Die Mischung 2 Minuten weitergrillen.
- Feta und Spinat zerkleinern. Zucchinigemüse vom Grill nehmen, mit gegarter Quinoa, Spinat und Feta vermengen und servieren.

Avocados vom Grill mit Quinoafüllung

30 g rote Quinoa (3 EL)
75 ml Wasser, heiß oder kalt
Meersalz
4 Knoblauchzehen
2 Frühlingszwiebeln
1 EL Olivenöl
100 g grüne Oliven, entsteint
1 Fleischtomate
2 TL Zitronensaft, frisch gepresst
1 TL Oregano, frisch gehackt
Pfeffer, frisch gemahlen
4 Avocados
etwa 6 EL Erdnussöl

- ➤ Quinoa mit Wasser und etwas Salz aufkochen und zugedeckt bei mäßiger Hitze 15 – 20 Minuten gar köcheln, bis die Flüssigkeit aufgesogen ist. Dabei ab und zu umrühren. Gegarte Quinoa dann in eine Schüssel füllen.
- ➤ Knoblauch schälen und klein hacken. Frühlingszwiebeln putzen und in feine Ringe schneiden. Olivenöl in einer Pfanne erhitzen und Knoblauch und Zwiebeln darin glasig braten. Zwiebelmischung zur Quinoa geben und vermischen.
- ➤ Oliven in Ringe schneiden. Tomate mit heißem Wasser überbrühen, häuten, entkernen und in kleine Stücke schneiden. Oliven, Tomaten, Zitronensaft und Oregano zur Quinoa geben, mischen und mit Salz und Pfeffer abschmecken.
- ➤ Avocados halbieren und entkernen. Die Schnittflächen mit Erdnussöl einpinseln. Elektro-Grill auf etwa 230 °C direkte, starke Hitze vorbereiten. Avocados mit den Schnittflächen nach unten in einer Grillschale oder Pfanne auf dem Grill 2 – 3 Minuten offen grillen.
- ➤ Avocados wenden und mit der Quinoa füllen. Die gefüllten Avocados weitere 3 Minuten grillen und dann servieren. Bei Zubereitung in der Pfanne auf dem Herd ebenso verfahren.

EIN GLÜCK, DASS ES SIE GIBT!

SUPPEN UND EINTÖPFE

Suppen und Eintöpfe

GRIESSKLÖSSCHENSUPPE

1 Bund Suppengemüse (Knollensellerie, Möhren, Lauch)
1 EL Butter (15 g)
1 l Gemüsebrühe, heiß
½ Bund Petersilie
Meersalz
Pfeffer, frisch gemahlen

Grießklößchen:
2 EL Butter (30 g)
1 frisches Ei
30 g Quinoa, zu Grieß gemahlen (3 EL)
40 g Hirsegrieß (4 EL)
etwas Meersalz

➤ Das Suppengemüse putzen und vorbereiten: Sellerie und Möhren schälen und klein würfeln. Lauch in feine Ringe schneiden.
➤ In einem Topf die Butter erhitzen und das Gemüse darin unter Rühren bei mittlerer Hitze etwa 5 Minuten anschwitzen. Mit Gemüsebrühe ablöschen und zugedeckt bei mittlerer Hitze etwa 20 Minuten köcheln.
➤ Inzwischen für die Grießklößchen die Butter leicht erwärmen, um sie zu verflüssigen, und in einer Schüssel mit Ei, Quinoagrieß, Hirsegrieß und etwas Salz glatt rühren.
➤ Mithilfe von zwei Teelöffeln kleine Klößchen aus der Grießmasse formen und in der heißen Gemüsebrühe 10 – 15 Minuten gar ziehen lassen.
➤ Petersilie fein hacken. Die Suppe mit Salz und Pfeffer abschmecken, auf Teller verteilen und mit Petersilie bestreut servieren.

Ein Glück, dass es sie gibt!

ZUCCHINI-JOGHURT-SUPPE MIT ROTER QUINOA

2 Zwiebeln
2 Knoblauchzehen
1 Zucchino
2 EL Olivenöl
1 TL Kurkuma
1 TL gemahlener Kreuzkümmel
50 g rote Quinoa
700 ml Gemüsebrühe, heiß oder kalt
½ Zitrone
400 g griechischer Joghurt
1 TL Meersalz
½ TL Pfeffer, frisch gemahlen
2 frische Eier
1 EL Minze, frisch gehackt

➤ Zwiebeln und Knoblauch schälen und klein schneiden. Zucchini der Länge nach halbieren und in 1 cm dicke Scheiben schneiden.
➤ In einem Topf das Olivenöl erhitzen. Zwiebeln, Knoblauch und Zucchini darin unter Rühren bei mittlerer Hitze etwa 3 Minuten anbraten. Kurkuma, Kreuzkümmel und Quinoa zugeben, gut unterrühren und mit Gemüsebrühe aufgießen. Zugedeckt bei mäßiger Hitze etwa 20 Minuten köcheln.
➤ Den Saft der Zitrone auspressen. In einer Schüssel Joghurt, Salz, Pfeffer, Zitronensaft und Eier verrühren. Die Masse langsam in die Suppe geben und unterrühren. Dann den Topf vom Herd nehmen und die Suppe kurz durchziehen lassen.
➤ Die Suppe mit gehackter Minze bestreut servieren.

TOMATENSUPPE MIT GERÖSTETEN QUINOAFLOCKEN

1 EL Butter (15 g)
4 EL Quinoaflocken
1 TL Chilipulver
2 Zwiebeln
1 Bund Suppengemüse (Knollensellerie, Möhren, Lauch)
2 EL Olivenöl
2 EL Tomatenmark
½ l Gemüsebrühe, heiß
800 g stückige Tomaten aus dem Glas
2 Zweige frischer Thymian
200 g Crème fraîche
Meersalz
Pfeffer, frisch gemahlen
1 TL feiner Vollrohrzucker
5 Blätter frisches Basilikum

- In einer kleinen Pfanne die Butter erhitzen. Quinoaflocken und Chilipulver darin unter Rühren goldbraun rösten. Auf einem Teller abkühlen lassen.
- Zwiebeln schälen und klein schneiden. Suppengemüse putzen und vorbereiten: Sellerie und Möhren schälen und klein würfeln, Lauch in feine Ringe schneiden.
- In einem Topf das Olivenöl erhitzen. Die Zwiebeln und das vorbereitete Gemüse darin unter Wenden bei mittlerer Hitze goldbraun anrösten. Tomatenmark dazugeben und verrühren. Gemüsebrühe und stückige Tomaten zugießen, die Thymianzweige in den Sud geben und zugedeckt bei mittlerer Hitze etwa 45 Minuten köcheln.
- Die Suppe durch ein feines Sieb streichen, vorher die Thymianzweige herausnehmen. Crème fraîche zur Suppe geben, verrühren und die Suppe mit Salz, Pfeffer und Zucker abschmecken.
- Basilikum fein hacken und unter die Suppe rühren. Die gerösteten Quinoaflocken kurz vor dem Servieren auf die Suppe streuen.

Ein Glück, dass es sie gibt!

OKRASCHOTENSUPPE

1 Bund Frühlingszwiebeln
1 Knoblauchzehe
1 grüne Paprikaschote
400 g Okraschoten
1 EL natives Kokosöl
50 g Quinoa
500 g passierte Tomaten aus dem Glas
1 EL Tomatenmark
300 ml Gemüsebrühe, heiß oder kalt
Meersalz
Pfeffer, frisch gemahlen
etwas Chilipulver
½ Bund Petersilie

- ➤ Frühlingszwiebeln putzen und in feine Ringe schneiden. Knoblauch schälen und fein hacken. Paprika entkernen und klein würfeln. Okraschoten putzen.
- ➤ In einem Topf das Kokosöl erhitzen. Frühlingszwiebeln und Knoblauch darin bei mittlerer Hitze etwa 4 Minuten unter Rühren anbraten. Quinoa und Okraschoten zugeben und kurz mitbraten. Mit den passierten Tomaten ablöschen, Tomatenmark und Gemüsebrühe zugeben und zugedeckt bei mäßiger Hitze etwa 15 Minuten köcheln. Dabei ab und zu umrühren.
- ➤ Paprikawürfel zugeben und weitere 5 Minuten köcheln. Mit Salz, Pfeffer und Chilipulver abschmecken.
- ➤ Petersilie fein hacken und die Suppe kurz vor dem Servieren damit bestreuen.

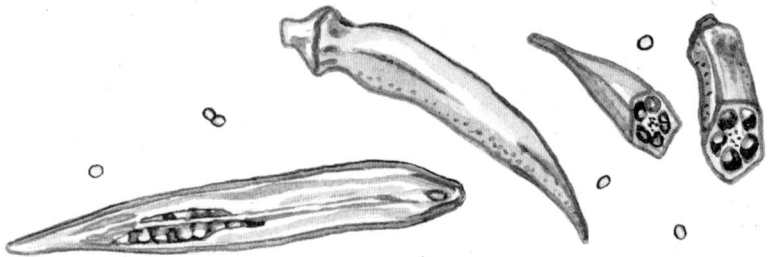

QUINOA-KÜRBIS-SUPPE

500 g Hokkaidokürbis
1 Zwiebel
30 g frischer Ingwer
1 frische rote Chilischote
2 EL Olivenöl
50 g Quinoa
1 EL Currypulver
½ l Gemüsebrühe, heiß
400 ml Kokosmilch
Meersalz
Pfeffer, frisch gemahlen

- Kürbis halbieren und mithilfe eines Löffels die Kerne entfernen. Kürbis in mundgerechte Stücke schneiden. Zwiebel und Ingwer schälen und klein schneiden. Chilischote putzen und klein schneiden.
- In einem Topf das Olivenöl erhitzen. Kürbis, Zwiebel, Ingwer und Chili darin etwa 5 Minuten bei mittlerer Hitze anbraten. Quinoa und Currypulver unterrühren und mit Gemüsebrühe und Kokosmilch aufgießen. Zugedeckt etwa 20 Minuten bei mäßiger Hitze köcheln.
- Die Suppe vor dem Servieren mit Salz und Pfeffer abschmecken.

Ein Glück, dass es sie gibt!

MEDITERRANE BLUMENKOHL-BROKKOLI-SUPPE

2 EL Pinienkerne
1 Zwiebel
2 Knoblauchzehen
300 g Brokkoli
200 g Blumenkohl
2 EL Olivenöl
70 g Quinoa
800 ml Gemüsebrühe, heiß
2 EL Ricotta
Meersalz
Pfeffer, frisch gemahlen

- Pinienkerne in einer Pfanne ohne Fett goldbraun rösten. Auf einem Teller abkühlen lassen.
- Zwiebel und Knoblauch schälen und klein schneiden. Brokkoli und Blumenkohl putzen und in kleine Röschen teilen.
- In einem Topf das Olivenöl erhitzen. Zwiebel und Knoblauch darin anschwitzen. Die Kohlröschen zugeben und zugedeckt kurz anschwitzen. Quinoa unterrühren und mit Gemüsebrühe ablöschen. Zugedeckt bei mäßiger Hitze 15 – 20 Minuten köcheln. Dabei ab und zu umrühren.
- Ricotta zur Suppe geben und die Suppe fein pürieren. Mit Salz und Pfeffer abschmecken.
- Die Suppe auf Teller verteilen und mit den gerösteten Pinienkernen bestreut servieren.

Suppen und Eintöpfe

KRÄFTIGER HERBSTEINTOPF

300 g Rosenkohl
200 g Möhren
200 g Pastinaken
100 g Knollensellerie
1 Stange Lauch
2 EL Butter (30 g)
60 g rote Quinoa
800 ml Gemüsebrühe,
  heiß oder kalt
Meersalz
Pfeffer, frisch gemahlen

➤ Das Gemüse putzen und vorbereiten: Rosenkohlröschen halbieren. Möhren und Pastinaken in Stifte schneiden. Sellerie klein würfeln. Lauch in feine Ringe schneiden.
➤ Butter in einem Topf erhitzen und das vorbereitete Gemüse darin unter Rühren bei mittlerer Hitze etwa 4 Minuten anbraten. Quinoa unterrühren und mit Gemüsebrühe aufgießen. Den Eintopf zugedeckt bei mäßiger Hitze 15 – 20 Minuten köcheln, sodass die Quinoa gar, das Gemüse aber nicht zu sehr verkocht ist.
➤ Vor dem Servieren mit Salz und Pfeffer abschmecken.

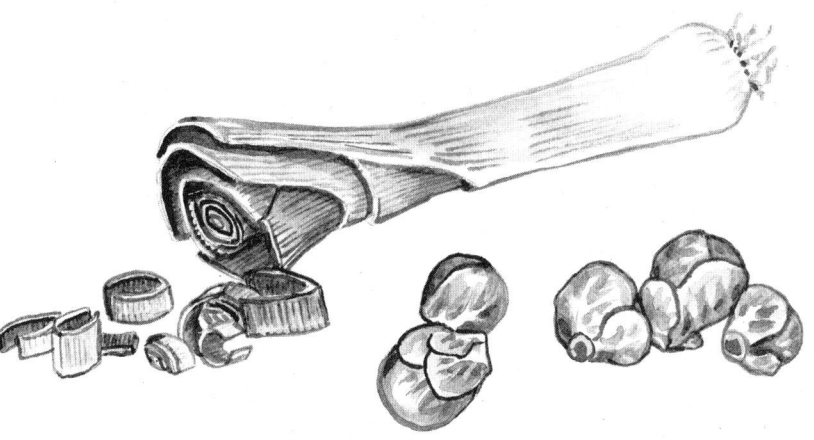

QUINOA-MANDEL-SUPPE

1 Zwiebel
100 g Knollensellerie
3 Knoblauchzehen
200 g Mandeln
2 EL natives Kokosöl
100 g weiße Quinoa, zu Schrot gemahlen
700 ml Gemüsebrühe, heiß
50 g Mandelblättchen
200 ml Kokosmilch
Meersalz
Pfeffer, frisch gemahlen

- Zwiebel und Sellerie schälen und fein würfeln. Knoblauch schälen und die Zehen auf einen Zahnstocher spießen. Mandeln mahlen.
- In einem Topf das Kokosöl erhitzen. Zwiebel, Sellerie, gemahlene Mandeln und Quinoaschrot darin 1 – 2 Minuten anschwitzen. Mit Gemüsebrühe ablöschen, Knoblauch zugeben und zugedeckt bei leichter Hitze 15 Minuten köcheln.
- Mandelblättchen in einer Pfanne ohne Öl goldbraun rösten. Auf einem Teller abkühlen lassen.
- Knoblauchzehen aus der Suppe nehmen und die Kokosmilch zugeben. Die Suppe fein pürieren und mit Salz und Pfeffer abschmecken.
- Die Suppe auf Teller verteilen und mit den gerösteten Mandelblättchen bestreut servieren.

Suppen und Eintöpfe

RIESENBOHNEN-TOMATEN-EINTOPF

2 gelbe Paprikaschoten
3 Stangen Staudensellerie
4 EL Olivenöl
40 g Quinoa (4 EL)
Meersalz
150 ml Wasser, heiß oder kalt
500 g gegarte weiße Riesenbohnen
400 g stückige Tomaten aus dem Glas
500 g passierte Tomaten aus dem Glas
½ Bund Petersilie
1 TL scharfes Paprikapulver
1 TL Koriander, frisch gehackt
Pfeffer, frisch gemahlen

- Paprika entkernen und klein würfeln. Sellerie putzen und in sehr kleine Würfel schneiden.
- In einem Topf das Olivenöl erhitzen. Selleriewürfel darin unter Rühren anschwitzen. Quinoa zugeben, leicht salzen und das Wasser angießen. Zugedeckt bei mäßiger Hitze etwa 5 Minuten dünsten.
- Gegarte Bohnen in ein Sieb abgießen und abtropfen lassen. Bohnen mit den Paprikawürfeln, stückigen Tomaten und passierten Tomaten zur Quinoa in den Topf geben und etwa 15 Minuten offen köcheln.
- Petersilie fein hacken. Petersilie und Koriander zum Eintopf geben und den Eintopf vor dem Servieren mit Paprikapulver, Salz und Pfeffer abschmecken.

Ein Glück, dass es sie gibt!

ITALIENISCHE LINSEN-QUINOA-SUPPE

1 Zwiebel
2 Knoblauchzehen
4 Möhren
2 Stangen Staudensellerie
2 Lorbeerblätter
2 Zweige frischer Rosmarin
4 Zweige frischer Thymian
2 EL Olivenöl
250 g braune Linsen
100 g Quinoa
800 ml Gemüsebrühe, heiß
600 g Fleischtomaten
Meersalz
Pfeffer, frisch gemahlen
½ Bund Petersilie

- Zwiebel und Knoblauch schälen und klein würfeln. Möhren putzen und in kleine Würfel schneiden. Sellerie in feine Scheiben schneiden.
- Aus den Lorbeerblättern, dem Rosmarin und Thymian mithilfe von Küchengarn ein Kräutersträußchen binden.
- In einem Topf das Öl erhitzen. Zwiebel, Knoblauch, Möhren und Sellerie darin unter Rühren 4 Minuten anbraten. Linsen und Quinoa zugeben und mit Gemüsebrühe ablöschen. Das Gewürzsträußchen in den Sud geben und zugedeckt bei mäßiger Hitze etwa 20 Minuten köcheln.
- Tomaten mit heißem Wasser überbrühen, häuten, entkernen und klein schneiden. Tomatenwürfel in die Suppe geben und kurz aufkochen lassen. Das Gewürzsträußchen aus dem Sud nehmen und die Suppe mit Salz und Pfeffer abschmecken.
- Petersilie fein hacken und die Suppe vor dem Servieren damit bestreuen.

ORIENTALISCHER KICHERERBSENEINTOPF

200 g Kartoffeln
1 rote Zwiebel
1 Knoblauchzehe
1 EL Olivenöl
60 g schwarze Quinoa
1 EL Tomatenmark
800 ml Gemüsebrühe, heiß
300 g gegarte Kichererbsen
Meersalz
Pfeffer, frisch gemahlen
½ Bund Petersilie
1 EL Koriander, frisch gehackt

- Kartoffeln schälen und in kleine Würfel schneiden. Zwiebel und Knoblauch schälen und fein hacken.
- In einem Topf das Olivenöl erhitzen. Zwiebel, Knoblauch und Kartoffeln darin 5 Minuten bei mittlerer Hitze unter Rühren anschwitzen. Quinoa und Tomatenmark unterrühren und mit Gemüsebrühe ablöschen. Zugedeckt bei mittlerer Hitze etwa 12 Minuten köcheln.
- Gegarte Kichererbsen in ein Sieb abgießen und abtropfen lassen. Kichererbsen zur Suppe geben und zugedeckt 10 Minuten köcheln.
- Die Petersilie fein hacken. Den Eintopf mit Salz und Pfeffer abschmecken, Petersilie und Koriander unterrühren und den Eintopf servieren.

SONNE IM HERZEN

SALATE

Salate

QUINOASALAT NACH ART TABOULÉ

150 g Quinoa
375 ml Wasser, heiß oder kalt
Meersalz
4 Tomaten
1 rote Paprikaschote
1 kleiner Zucchino
2 Zwiebeln
1 Knoblauchzehe
1 ungespritzte Bio-Limette
4 EL Olivenöl
1 EL Tomatenmark
1 Bund Petersilie
1 EL Minze, frisch gehackt
Pfeffer, frisch gemahlen

- Quinoa mit Wasser und etwas Salz aufkochen und zugedeckt bei mäßiger Hitze 15 – 20 Minuten gar köcheln, bis die Flüssigkeit aufgesogen ist. Dabei ab und zu umrühren. Anschließend in eine große Schüssel füllen und abkühlen lassen.
- Tomaten mit heißem Wasser überbrühen, häuten, entkernen und in mundgerechte Stücke schneiden. Paprika entkernen und klein schneiden. Zucchino in kleine Würfelchen schneiden. Zwiebeln und Knoblauch schälen und fein würfeln. Alles zur gegarten Quinoa geben und vermengen.
- Limette mit heißem Wasser abwaschen, abtrocknen und die Schale über den Salat fein abreiben. Den Saft der Limette auspressen. Limettensaft mit Olivenöl und Tomatenmark verrühren, zum Salat geben und vermischen.
- Petersilie fein hacken und mit Minze unter den Salat heben. Den Salat mit Salz und Pfeffer abschmecken und servieren.

Sonne im Herzen

BUNTER PAPRIKA-QUINOA-SALAT

50 g Quinoa
125 ml Wasser, heiß oder kalt
Meersalz
1 rote Paprikaschote
1 gelbe Paprikaschote
1 grüne Paprikaschote
1 Bund Frühlingszwiebeln
2 EL Olivenöl
½ Bund Petersilie
300 g griechischer Joghurt
Pfeffer, frisch gemahlen

- Quinoa mit Wasser und etwas Salz aufkochen und zugedeckt bei mäßiger Hitze 15 – 20 Minuten gar köcheln, bis die Flüssigkeit aufgesogen ist. Dabei ab und zu umrühren. Anschließend etwas abkühlen lassen.
- Paprikaschoten entkernen und in mundgerechte Würfel schneiden. Frühlingszwiebeln putzen und in dünne Ringe schneiden. Paprika und Zwiebeln in einer großen Schüssel mit dem Olivenöl vermischen.
- Petersilie fein hacken. Petersilie zum Joghurt geben, verrühren und den Petersilienjoghurt mit Salz und Pfeffer abschmecken.
- Gegarte Quinoa zur Paprikamischung geben und gut verrühren. Den Salat mit dem Petersilienjoghurt servieren.

Salate

PETERSILIEN-TOMATEN-SALAT

30 g Quinoa (3 EL)
75 ml Wasser, heiß oder kalt
Meersalz
800 g Tomaten
1 rote Zwiebel
1 Knoblauchzehe
1 Bund Petersilie
1 EL Minze, frisch gehackt
1 Limette
4 EL Olivenöl
1 TL Honig
½ TL Pfeffer, frisch gemahlen

- ➤ Quinoa mit Wasser und etwas Salz aufkochen und zugedeckt bei mäßiger Hitze 15 – 20 Minuten gar köcheln, bis die Flüssigkeit aufgesogen ist. Dabei ab und zu umrühren. Anschließend in einer Salatschüssel abkühlen lassen.
- ➤ Tomaten putzen und in mundgerechte Stücke schneiden. Zwiebel und Knoblauch schälen und sehr fein schneiden. Petersilie fein hacken.
- ➤ Tomaten, Zwiebel, Knoblauch, Petersilie und Minze in die Schüssel zur abgekühlten Quinoa geben und vermischen.
- ➤ Saft der Limette auspressen. Limettensaft, Olivenöl, Honig, 1 TL Salz und Pfeffer zu einem Dressing verrühren. Dressing über den Salat gießen, gründlich mischen und den Salat servieren.

Sonne im Herzen

FRÜHLINGSSALAT

30 g rote Quinoa (3 EL)
75 ml Wasser, heiß oder kalt
Meersalz
50 g junge Spinatblätter
50 g junge Rote-Bete-Blätter
   oder Mangoldblätter
50 g Rucola
1 Bund Radieschen
1 Mini-Salatgurke
½ Bund Schnittlauch
½ Bund Petersilie
4 EL Olivenöl
1 EL Apfelessig
1 TL mittelscharfer Senf
½ TL Pfeffer, frisch gemahlen
essbare Blüten (Kapuzinerkresse, Veilchen, Gänseblümchen)

➤ Quinoa mit Wasser und etwas Salz aufkochen und zugedeckt bei mäßiger Hitze 15 – 20 Minuten gar köcheln, bis die Flüssigkeit aufgesogen ist. Dabei ab und zu umrühren. Anschließend etwas abkühlen lassen.

Salate

- ➤ Spinat, Rote-Bete-Blätter oder Mangoldblätter und Rucola in ein Sieb geben und mit Wasser abbrausen. Blätter gut abtropfen lassen und mundgerecht zerkleinern, falls sie zu groß sind. Radieschen putzen und in Scheiben schneiden. Salatgurke der Länge nach halbieren und in feine Scheiben schneiden. Schnittlauch und Petersilie fein hacken.
- ➤ In einer großen Schüssel die abgetropften Salatblätter, Radieschen, Gurke und gegarte Quinoa vermischen. Die gehackten Kräuter unterrühren.
- ➤ Olivenöl und Apfelessig mit Senf, 1 TL Salz und Pfeffer verrühren. Zum Salat geben und mit diesem vermengen.
- ➤ Essbare Blüten über den Salat streuen und den Salat servieren.

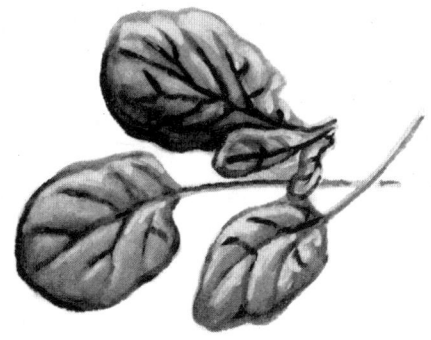

Sonne im Herzen

KARTOFFELSALAT
MIT LINSEN UND PFIFFERLINGEN

100 g Quinoasprossen
400 g festkochende Kartoffeln
300 g braune Linsen
500 g Pfifferlinge
½ Bund Frühlingszwiebeln
1 EL Butter (15 g)
½ Bund Petersilie
4 EL Olivenöl
3 EL Gemüsebrühe, heiß oder kalt
1 TL körniger Senf
Meersalz
Pfeffer, frisch gemahlen

- Quinoasprossen ein paar Tage vorher aus etwa 2 EL Quinoakörnern im Sprossenkeimer ziehen (siehe Seite 22). In ein Sieb geben, mit Wasser abbrausen und gut abtropfen lassen.
- Kartoffeln etwa 20 Minuten in Wasser gar kochen. Anschließend pellen und in Scheiben schneiden.
- Die Linsen in ausreichend Wasser zugedeckt bei mäßiger Hitze 20 – 25 Minuten gar köcheln. Dann durch ein Sieb abgießen und abtropfen lassen.
- Pfifferlinge mit einem Tuch oder einer feinen Bürste gründlich säubern. Große Pilze eventuell halbieren. Frühlingszwiebeln putzen und in feine Ringe schneiden. Butter in einer Pfanne erhitzen. Die Pilze und Zwiebeln darin bei mittlerer Hitze etwa 5 Minuten unter Rühren braten. Anschließend in eine große Schüssel füllen.
- Kartoffeln, gegarte Linsen und Quinoasprossen zu den Pfifferlingen geben und vermischen.
- Petersilie fein hacken. Olivenöl, Gemüsebrühe und Senf zu einem Dressing verrühren und unter den Salat mischen. Petersilie dazugeben und untermischen. Den Salat mit Salz und Pfeffer abschmecken und servieren.

Salate

ROTE-BETE-SALAT MIT WALNÜSSEN UND MEERRETTICH

1 kg Rote Bete
1 Lorbeerblatt
Meersalz
1 Stange Lauch
50 g Quinoa
125 ml Wasser, heiß oder kalt
50 g Walnüsse
1 kleines Stück frischer Meerrettich
1 EL Weißweinessig
3 EL Olivenöl
½ TL Pfeffer, frisch gemahlen
150 g Feta
½ Bund Petersilie

➤ Die Blätter der Roten Bete abschneiden und die Knollen mit dem Lorbeerblatt in reichlich Wasser mit etwas Salz zugedeckt bei mittlerer Hitze weich kochen.
➤ Lauch putzen und in dünne Ringe schneiden. Mit Quinoa, dem Wasser und etwas Salz aufkochen und zugedeckt bei mäßiger Hitze 15 – 20 Minuten gar köcheln. Dabei ab und zu umrühren. Dann etwas abkühlen lassen.
➤ Walnüsse grob hacken und in einer Pfanne ohne Fett goldbraun rösten. Auf einem Teller abkühlen lassen.
➤ Für das Dressing etwas frischen Meerrettich schälen und fein reiben. Geriebenen Meerrettich mit Essig und Olivenöl verrühren und mit 1 TL Salz und Pfeffer abschmecken. Feta in mundgerechte Würfel schneiden.
➤ Gegarte Rote Bete kurz abkühlen lassen, schälen und klein würfeln. Rote Bete in einer Schüssel mit der gegarten Quinoa vermengen. Feta zugeben und unterheben.
➤ Petersilie fein hacken. Meerrettichdressing über den Salat geben und gut vermischen. Salat mit Walnüssen und Petersilie bestreuen und servieren.

Sonne im Herzen

MEXIKANISCHER QUINOA-BOHNEN-SALAT

200 g getrocknete Kidneybohnen
Wasser zum Einweichen und Garen der Bohnen
3 EL Olivenöl
1 Knoblauchzehe
100 g bunte Quinoa
¼ l Wasser, heiß oder kalt
Meersalz
2 Zweige frischer Thymian
2 Zweige frischer Oregano
1 Bund glatte Petersilie
2 Zwiebeln
2 rote Paprikaschoten
1 frische rote Chilischote
500 g Fleischtomaten
15 Oliven mit Paprikafüllung
250 g gegarte Maiskörner
1 Limette
1 MSP gemahlener Kreuzkümmel
1 TL scharfes Paprikapulver
½ TL Pfeffer, frisch gemahlen

- Getrocknete Bohnen über Nacht (mindestens 12 Stunden) in reichlich kaltem Wasser einweichen. Danach abgießen, mit Wasser abbrausen und mit frischem Wasser, 1 EL Olivenöl und der geschälten Knoblauchzehe 1 – 2 Stunden zugedeckt bei leichter Hitze gar kochen.
- Quinoa mit Wasser und etwas Salz aufkochen und zugedeckt bei mäßiger Hitze 15 – 20 Minuten gar köcheln, bis die Flüssigkeit aufgesogen ist. Dabei ab und zu umrühren.

Salate

- Blättchen von Thymian, Oregano und Petersilie von den Zweigen zupfen und fein hacken. Zwiebeln schälen und fein hacken. Paprika und Chilischote entkernen und klein schneiden. Tomaten klein würfeln und Oliven in Scheiben schneiden.
- Gegarte Bohnen vom Herd nehmen, übriges Kochwasser abgießen. Gegarte Maiskörner in ein Sieb abgießen und gut abtropfen lassen. Saft der Limette auspressen.
- In einer großen Pfanne 2 EL Olivenöl erhitzen. Die Paprika und Zwiebeln darin bissfest garen. Bohnen zum Schluss kurz dazugeben. Alles aus der Pfanne in eine große Schüssel geben. Gegarte Quinoa, Maiskörner, Tomaten, Oliven, Chilischote, gehackte Kräuter sowie den Saft der Limette dazugeben und vermengen.
- Den Salat mit Kreuzkümmel, Paprikapulver, Pfeffer und 1 TL Salz abschmecken und servieren.

Sonne im Herzen

QUINOASALAT NACH NIZZA ART

50 g Quinoasprossen
150 g grüne Bohnen
1 EL Bohnenkraut, frisch gehackt
Meersalz
4 frische Eier
1 Mini-Salatgurke
1 rote Paprikaschote
1 gelbe Paprikaschote
½ Bund Frühlingszwiebeln
1 Kopfsalat
1 Knoblauchzehe
1 Limette
4 EL Olivenöl
½ TL Pfeffer, frisch gemahlen
250 g Kirschtomaten
50 g schwarze Oliven, entsteint

- ➤ Quinoasprossen ein paar Tage vorher aus etwa 1 EL Quinoakörnern im Sprossenkeimer ziehen (siehe Seite 22). In ein Sieb geben, mit Wasser abbrausen und gut abtropfen lassen.
- ➤ Bohnen putzen und mit Bohnenkraut in Wasser mit etwas Salz zugedeckt etwa 8 Minuten bissfest garen. Eier hart kochen und abkühlen lassen. Anschließend schälen und der Länge nach vierteln.
- ➤ Salatgurke putzen und mit einem Sparschäler in lange, dünne Streifen schneiden. Dabei den weichen inneren Teil der Gurke übrig lassen und anderweitig verwenden. Paprikaschoten entkernen und in dünne Streifen schneiden. Frühlingszwiebeln putzen und in feine Ringe schneiden. Kopfsalat putzen, waschen und gut abtropfen lassen. Die Salatblätter anschließend mundgerecht zerkleinern.
- ➤ Knoblauch schälen und klein hacken. Den Saft der Limette auspressen. Olivenöl, Limettensaft, gehackten Knoblauch, 1 TL Salz und Pfeffer in einer großen Schüssel verrühren. Quinoasprossen, gegarte Bohnen, zerkleinertes Gemüse, Salatblätter und Kirschtomaten zugeben und gründlich durchmischen. Eier und ganze Oliven über der Mischung verteilen und den Salat servieren.

ORIENTALISCHER QUINOA-ERBSEN-SALAT

100 g Quinoa
¼ l Gemüsebrühe, heiß oder kalt
50 g Pinienkerne
200 g frische oder tiefgekühlte Erbsen oder Erbsen aus dem Glas
1 Zucchino
1 Bund Frühlingszwiebeln
2 Knoblauchzehen
200 g Feta
1 Limette
4 EL Olivenöl
2 EL Minze, frisch gehackt
Meersalz
Pfeffer, frisch gemahlen

- Quinoa mit Gemüsebrühe aufkochen und zugedeckt bei mäßiger Hitze 15 – 20 Minuten gar köcheln, bis die Flüssigkeit aufgesogen ist. Dabei ab und zu umrühren. Anschließend etwas abkühlen lassen.
- Pinienkerne in einer Pfanne ohne Fett goldbraun rösten. Auf einem Teller abkühlen lassen.
- Frische Erbsen verlesen, tiefgekühlte Erbsen auftauen oder Erbsen aus dem Glas in ein Sieb geben, abbrausen und abtropfen lassen. Zucchino klein würfeln. Frühlingszwiebeln putzen und in feine Ringe schneiden. Knoblauch schälen und fein hacken. Feta in mundgerechte Würfel schneiden.
- Gegarte Quinoa mit Zucchiniwürfeln, Frühlingszwiebeln und Erbsen in einer großen Schüssel vermengen. Knoblauch, Feta und Pinienkerne untermischen.
- Saft der Limette auspressen. Limettensaft, Olivenöl und Minze verrühren, zum Salat geben und gut vermischen. Salat mit Salz und Pfeffer abschmecken und servieren.

Sonne im Herzen

MANGO-QUINOA-SALAT

30 g bunte Quinoa (3 EL)
75 ml Wasser, heiß oder kalt
Meersalz
50 g Erdnüsse ohne Salz
300 g Möhren
1 grüne Spitzpaprikaschote
½ Bund Frühlingszwiebeln
3 EL Olivenöl
1 Limette
1 TL Honig
Pfeffer, frisch gemahlen
1 kleine Mango

- Quinoa mit Wasser und etwas Salz aufkochen und zugedeckt bei mäßiger Hitze 15 – 20 Minuten gar köcheln, bis die Flüssigkeit aufgesogen ist. Dabei ab und zu umrühren. Anschließend etwas abkühlen lassen.
- Erdnüsse in einer Pfanne ohne Fett goldbraun rösten. Auf einem Teller abkühlen lassen.
- Möhren putzen und in dünne Stifte schneiden. Paprika der Länge nach halbieren, entkernen und in dünne Streifen schneiden. Frühlingszwiebeln putzen und in feine Ringe schneiden.
- In einer Pfanne das Olivenöl erhitzen. Möhren, Paprika und Zwiebeln darin bei mäßiger Hitze etwa 5 Minuten zugedeckt garen. Dabei ab und zu umrühren. Den Saft der Limette auspressen. Etwas Limettensaft und den Honig zur Möhren-Zwiebel-Mischung geben und die Mischung mit etwas Salz und Pfeffer abschmecken. In eine Salatschüssel füllen und abkühlen lassen.
- Inzwischen die Mango schälen, das Fruchtfleisch vom Steinkern schneiden und in kleine Würfel schneiden. Mangowürfel und gegarte Quinoa zur Möhrenmischung in die Schüssel geben und gut vermischen.
- Den Salat nochmals mit Salz, Pfeffer und etwas Limettensaft abschmecken und servieren.

Salate

SÜSSER MELONEN-QUINOA-SALAT

1 kg Melonen, gemischt (Wassermelone, Netzmelone, Honigmelone)
1 Limette
6 Blätter frische Minze
2 EL Honig
5 EL Quinoa, gepufft
250 g griechischer Joghurt

- Melonen vierteln, schälen, entkernen und das Fruchtfleisch in mundgerechte Stücke schneiden. Melonenstücke in eine Schüssel geben.
- Den Saft der Limette auspressen. Minze fein hacken. Limettensaft mit Honig und Minze verrühren und in die Schüssel zur Melone geben. Gepuffte Quinoa untermischen und alles gut verrühren.
- Melonensalat in Dessertschälchen geben. Jeweils etwas Joghurt darauf verteilen und den Salat servieren.

EINFACH HIMMLISCH

SÜSSSPEISEN, DESSERTS UND NASCHEREIEN

Süßspeisen, Desserts und Naschereien

QUINOAGRIESSAUFLAUF

1 ungespritzte Bio-Limette
2 frische Eier
50 g Butter, weich
100 g feiner Vollrohrzucker
2 TL gemahlene Bourbonvanille
500 g Magerquark
1 Päckchen Vanillepuddingpulver
20 g Quinoa, zu Grieß gemahlen (2 EL)
Butter für die Auflaufform
400 g Äpfel
50 g Rosinen
Meersalz
50 g Mandelblättchen
2 EL Butter, kalt (30 g)

- Limette mit heißem Wasser abspülen, abtrocknen und die Schale fein abreiben. Saft der Limette auspressen.
- Eier trennen. Eiweiß kühl stellen. Butter mit Zucker und Vanille schaumig rühren. Eigelb dazugeben und verrühren. Quark, Saft und Schalenabrieb der Limette zur Buttermasse geben und glatt rühren. Puddingpulver und Quinoagrieß zugeben und verrühren.
- Backofen auf 180 °C (Ober- und Unterhitze) vorheizen. Eine ofenfeste Auflaufform mit Butter ausstreichen. Äpfel schälen, vierteln und entkernen. Apfelviertel klein schneiden und mit den Rosinen unter die Quarkmasse heben. Kühl gestelltes Eiweiß mit 1 Prise Salz steif schlagen. Eischnee vorsichtig unter die Quarkmasse heben. Die Masse in die vorbereitete Form füllen. Mit Mandelblättchen bestreuen und die kalte Butter in kleinen Flöckchen daraufsetzen.
- Den Auflauf im heißen Ofen (Mitte) etwa 45 Minuten backen.
- Fertig gebackenen Auflauf aus dem Ofen holen und servieren.

> **TIPP:** Geben Sie vor dem Einfüllen der Quarkmasse eine Mischung aus 100 g Mandelstiften und 50 g Quinoaflocken – zuvor ohne Fett in einer Pfanne goldgelb geröstet – in die Auflaufform.

Einfach himmlisch

QUINOA-BUCHTELN MIT APRIKOSEN GEFÜLLT

50 g Quinoa, gemahlen
50 g Reisvollkornmehl
150 g Speisestärke
1 Prise Meersalz
etwa 65 ml Milch
1 Päckchen Trockenhefe
2 ½ EL feiner Vollrohrzucker
2 ½ EL Butter, weich (35 g)
1 ungespritzte Bio-Zitrone
2 TL gemahlene Bourbonvanille
2 frische Eier
6 Aprikosen
Butter für die Auflaufform
glutenfreies Vollkorn-Paniermehl für die Auflaufform
1 EL Butterschmalz
Rohrohr-Puderzucker zum Bestreuen

➤ In einer Schüssel Quinoamehl, Reismehl, Speisestärke und Salz vermengen. Eine Mulde in die Mischung formen. Die Milch lauwarm erwärmen und Hefe, Zucker und Butter darin verrühren. Hefemilch in die Mulde gießen und mit etwas Mehlmischung verrühren. Alles so lange verkneten und schlagen, bis ein glatter Teig entstanden ist, der sich vom Schüsselrand löst. Anschließend den Teig zugedeckt an einem warmen Ort etwa 30 Minuten gehen lassen.

➤ Zitrone mit heißem Wasser abwaschen und abtrocknen. Schale fein abreiben und mit Vanille und den Eiern unter den Teig kneten. Teig erneut etwa 40 Minuten zugedeckt an einem warmen Ort gehen lassen.

Süßspeisen, Desserts und Nascherein

- ➤ Aprikosen vorsichtig halbieren und entsteinen. Aprikosenhälften wieder zusammensetzen. Backofen auf 180 °C (Ober- und Unterhitze) vorheizen. Eine ofenfeste Auflaufform mit Butter ausstreichen und mit Paniermehl ausstreuen.
- ➤ Butterschmalz schmelzen. Den Teig in sechs gleich große Stücke teilen. Pro Buchtel ein Teigstück in der Hand gleichmäßig dünn formen und über eine Aprikose legen. Zur Kugel formen. Die Kugeln nebeneinander in die Auflaufform legen und mit Butterschmalz bestreichen. Im heißen Ofen (Mitte) etwa 45 Minuten backen. Nach der Hälfte der Backzeit mit einem Deckel abdecken, damit die Buchteln nicht zu dunkel werden.
- ➤ Fertig gebackene Buchteln aus dem Ofen nehmen und mit Puderzucker bestreut servieren.

Einfach himmlisch

QUINOA-QUARK-KNÖDEL MIT GEWÜRZKIRSCHEN

50 g Butter, weich
50 g feiner Vollrohrzucker
1 frisches Ei
3 frische Eigelb
400 g Quark
2 TL gemahlene Bourbonvanille
120 g glutenfreies Vollkorn-Paniermehl
100 g Quinoaflocken
30 g Speisestärke (1 ½ gehäufte EL)
Meersalz

Gewürzkirschen:
400 g Kirschen
70 g feiner Vollrohrzucker
¼ l Kirschsaft
1 Stange Zimt
2 TL Speisestärke
2 EL Wasser

- ➤ Butter und Zucker in einer großen Schüssel schaumig rühren. Nach und nach Ei und Eigelbe zugeben und unterrühren.
- ➤ Quark in ein Mulltuch geben und fest ausdrücken. Ausgedrückten Quark mit Vanille zur Butter-Eier-Masse geben und verrühren. Paniermehl, Quinoaflocken und Speisestärke untermischen. Die Masse 30 Minuten im Kühlschrank ruhen lassen.

Süßspeisen, Desserts und Naschereien

- ➤ Für die Gewürzkirschen die Kirschen entsteinen. Kirschen in einem Topf mit Zucker, Kirschsaft und Zimtstange aufkochen und bei mittlerer Hitze etwa 10 Minuten köcheln. Dann die Zimtstange aus dem Sud nehmen. Speisestärke mit dem Wasser anrühren, zu den Kirschen geben und einrühren. Die Kirschen kurz aufkochen, anschließend vom Herd nehmen und abkühlen lassen (oder warm halten, wenn man die Kirschen heiß zu den Knödeln servieren möchte).
- ➤ In einem großen Topf reichlich Wasser mit etwas Salz erhitzen. Aus der Quarkmasse mit feuchten Händen vier bis sechs Knödel formen (mehr oder weniger nach Belieben) und die Knödel im heißen Wasser 12 – 15 Minuten gar ziehen lassen.
- ➤ Fertige Knödel mit einer Schaumkelle aus dem Wasser holen, gut abtropfen lassen und mit den Gewürzkirschen servieren.

Einfach himmlisch

QUINOA-ZITRONEN-CRÊPES MIT QUARK

1 unbehandelte Bio-Zitrone
80 g Speisestärke
50 g Reisvollkornmehl
30 g Quinoa, gemahlen (3 EL)
¼ l Milch
1 TL Rum oder einige Tropfen Rum-Aroma
2 frische Eier
1 EL feiner Vollrohrzucker
1 Prise Meersalz
natives Kokosöl oder Butter zum Ausbacken

Quark:
200 g Magerquark
2 EL feiner Vollrohrzucker

- Zitrone mit heißem Wasser abwaschen, abtrocknen und die Schale fein abreiben. Speisestärke, Reismehl und Quinoamehl in einer Schüssel vermischen. Milch, Rum oder Rum-Aroma, Eier, Zucker und Salz zur Mehlmischung in die Schüssel geben und zu einem glatten Pfannkuchenteig verrühren. Zitronenschalenabrieb unterrühren und den Teig 20 Minuten ruhen lassen.
- In einer Pfanne etwas Kokosöl oder Butter erhitzen und darin aus dem Teig nacheinander acht dünne Pfannkuchen ausbacken.
- Quark in einer Schüssel mit Zucker verrühren. Jeweils zwei gebackene Pfannkuchen auf einem Teller einschlagen und mit etwas Quark servieren.

QUINOAPFANNKUCHEN MIT APFEL-ROSINEN-KOMPOTT

140 g Speisestärke
50 g Reisvollkornmehl
30 g Quinoa, gemahlen (3 EL)
550 ml Milch
4 frische Eier
1 ½ EL feiner Vollrohrzucker
1 Prise Meersalz
natives Kokosöl oder Butter zum Ausbacken

Apfel-Rosinen-Kompott:
500 g Äpfel
½ Zitrone
2 EL Rosinen
200 ml Wasser
50 g feiner Vollrohrzucker
4 TL gemahlene Bourbonvanille
1 Stange Zimt

- ➤ Speisestärke, Reismehl und Quinoamehl in einer Schüssel vermischen. Milch, Eier, Zucker und Salz zur Mehlmischung in die Schüssel geben und zu einem glatten Pfannkuchenteig verrühren. Den Teig 20 Minuten ruhen lassen.
- ➤ Für das Apfel-Rosinen-Kompott die Äpfel vierteln und entkernen. Apfelviertel in kleine Stücke schneiden. Den Saft der Zitrone auspressen. In einem Topf die Apfelstücke mit Rosinen, Zitronensaft, Wasser, Zucker, Vanille und Zimtstange erhitzen und bei mittlerer Hitze etwa 15 Minuten köcheln. Dabei ab und zu umrühren. Das Kompott ist fertig, wenn die Äpfel am Zerfallen sind. Das fertige Kompott vom Herd nehmen und die Zimtstange entfernen.
- ➤ In einer Pfanne etwas Kokosöl oder Butter erhitzen und darin aus dem Pfannkuchenteig nacheinander acht Pfannkuchen ausbacken.
- ➤ Fertige Pfannkuchen aufrollen und in 1 cm breite Stücke schneiden. Die Röllchen mit dem abgekühlten Apfel-Rosinen-Kompott servieren.

Einfach himmlisch

QUINOA-QUARK-PLÄTZCHEN MIT JOHANNISBEERSAUCE

50 g Haselnüsse
1 frisches Ei
250 g Quark
150 g Quinoa, gemahlen
2 EL feiner Vollrohrzucker
Meersalz
3 EL natives Kokosöl oder Butter zum Ausbacken

Johannisbeersauce:
200 g Johannisbeeren
4 EL feiner Vollrohrzucker
100 ml Johannisbeersaft oder Rotwein

- Haselnüsse fein mahlen. Das Ei trennen. Eiweiß kühl stellen. Eigelb mit Quark, gemahlenen Haselnüssen, Quinoamehl und Zucker glatt rühren. Den Teig 20 Minuten ruhen lassen.
- Für die Johannisbeersauce die Beeren von den Rispen zupfen. Mit Zucker und Johannisbeersaft oder Rotwein in einen Topf geben und etwa 5 Minuten bei mittlerer Hitze köcheln. Anschließend pürieren und die Sauce weitere 10 Minuten einkochen lassen.
- Zur Seite gestelltes Eiweiß mit 1 Prise Salz steif schlagen. Eischnee vorsichtig unter den Quarkteig heben.
- In einer Pfanne das Fett zum Ausbacken auf mittlere Hitze bringen. Pro Quarkplätzchen etwas Teig mit einem Esslöffel in das heiße Fett geben und auf beiden Seiten goldgelb ausbacken. Fertige Quarkplätzchen auf Küchenpapier entfetten und warm halten.
- Johannisbeersauce durch ein Sieb oder die Flotte Lotte streichen und zu den Quarkplätzchen servieren.

DESSERT-KÄSEKUCHEN MIT MANDARINEN

Ergibt 6 kleine Kuchen

Butter für die Kuchengläser (Volumen jeweils etwa 160 ml)
glutenfreies Vollkorn-Paniermehl für die Kuchengläser
200 g Mandarinen aus dem Glas
300 g Magerquark
200 g Schmand oder saure Sahne
60 g feiner Vollrohrzucker
2 frische Eier
40 g Speisestärke (2 gehäufte EL)
20 g Quinoa, gemahlen (2 EL)
2 TL gemahlene Bourbonvanille

- Backofen auf 160 °C (Ober- und Unterhitze) vorheizen. Sechs ofenfeste Gläser mit Butter ausstreichen und mit Paniermehl ausstreuen. Mandarinen in ein Sieb abgießen und gut abtropfen lassen.
- In einer Schüssel Quark mit Schmand oder saurer Sahne, Zucker und Eiern cremig rühren. Speisestärke, Quinoamehl und Vanille zur Quarkcreme geben und gut verrühren. Abgetropfte Mandarinen vorsichtig unter den Teig heben.
- Den Teig mithilfe von zwei Esslöffeln gleichmäßig in die vorbereiteten Gläser füllen. Im heißen Ofen (unteres Drittel) 40 – 50 Minuten backen. Die Kuchen bei offener Backofentüre etwas auskühlen lassen. Dann aus dem Ofen nehmen und auf einem Kuchengitter abkühlen lassen. Die Kuchen in den Gläsern servieren.

Einfach himmlisch

DESSERT-QUITTENTÖRTCHEN MIT VANILLESAUCE

Ergibt 4 kleine Kuchen

½ Zitrone
200 g Quitten
2 EL Apfelsaft
Butter für die Backtassen (Volumen jeweils etwa 300 ml)
glutenfreies Vollkorn-Paniermehl für die Backtassen
25 g Mandeln (2 ½ EL)
85 g Speisestärke
15 g Quinoaflocken (1 ½ EL)
1 TL Weinstein-Backpulver
100 ml Sahne
1 ½ EL Ahornsirup

Vanillesauce:
2 frische Eigelb
1 EL Speisestärke
½ l Milch
2 EL feiner Vollrohrzucker
2 TL gemahlene Bourbonvanille

➤ Saft der Zitrone auspressen. Quitten mit einem trockenen Tuch abreiben, vierteln und die Kerngehäuse entfernen. Quittenviertel in feine Würfel schneiden und in einem Topf mit Zitronensaft und Apfelsaft bei mittlerer Hitze 5 – 10 Minuten weich dünsten. Gegarte Quittenwürfel in ein Sieb abgießen und gut abtropfen lassen.

Süßspeisen, Desserts und Naschereien

- ➤ Backofen auf 180 °C (Ober- und Unterhitze) vorheizen. Vier ofenfeste Tassen mit Butter ausstreichen und mit Paniermehl ausstreuen.
- ➤ Mandeln fein mahlen. In einer Schüssel gemahlene Mandeln mit Speisestärke, Quinoaflocken, Backpulver, Sahne und Ahornsirup gut verrühren. Quittenwürfel dazugeben und untermischen.
- ➤ Den Teig mithilfe von zwei Esslöffeln gleichmäßig in die vorbereiteten Tassen füllen und im heißen Ofen (Mitte) etwa 25 Minuten backen.
- ➤ Inzwischen für die Vanillesauce das Eigelb mit der Speisestärke und etwas Milch glatt rühren. Die restliche Milch in einem Topf mit Zucker und Vanille aufkochen. Eigelb-Stärke-Milch unterrühren und bei mäßiger Hitze etwa 2 Minuten unter Rühren köcheln.
- ➤ Quittentörtchen aus dem Ofen nehmen und kurz abkühlen lassen. Törtchen auf Desserttelller stürzen und noch warm mit Vanillesauce servieren.

Einfach himmlisch

NUSSWAFFELN MIT GEPUFFTER QUINOA

Ergibt etwa 12 Stück

100 g Haselnüsse
200 g Butter, weich
100 g feiner Vollrohrzucker
2 TL gemahlene Bourbonvanille
3 frische Eier
80 g Speisestärke
1 TL Weinstein-Backpulver
4 EL Quinoa, gepufft
eventuell 3 EL Milch
Butter für das Waffeleisen

- Haselnüsse fein mahlen.
- In einer Schüssel Butter, Zucker und Vanille schaumig rühren. Einzeln die Eier dazugeben und glatt verrühren.
- Gemahlene Haselnüsse, Speisestärke, Backpulver und gepuffte Quinoa zur Butter-Eier-Creme geben und alles zu einem glatten Teig verrühren. Eventuell Milch dazugeben, falls der Teig zu fest ist.
- Das Waffeleisen mit etwas Butter auspinseln und erhitzen. Jeweils einen kleinen Schöpflöffel Teig in das heiße Waffeleisen geben und 4 – 6 Minuten zu goldbraunen Waffeln backen.

Süßspeisen, Desserts und Naschereien

QUINOA-ZIMT-WAFFELN

Ergibt etwa 12 Stück

125 g Butter, weich
60 g feiner Vollrohrzucker
1 TL gemahlene Bourbonvanille
1 Prise Meersalz
4 frische Eier
120 g Speisestärke
70 g Reisvollkornmehl
60 g Quinoa, gemahlen
1 TL Weinstein-Backpulver
1 TL Zimt
200 ml Milch
Butter für das Waffeleisen

- In einer Schüssel Butter mit Zucker, Vanille und Salz schaumig rühren. Die Eier einzeln dazugeben und glatt verrühren.
- Speisestärke, Reismehl, Quinoamehl, Backpulver und Zimt zur Butter-Eier-Creme geben. Die Milch dazugießen und alles zu einem glatten Teig verrühren.
- Das Waffeleisen mit etwas Butter auspinseln und erhitzen. Jeweils einen kleinen Schöpflöffel Teig in das heiße Waffeleisen geben und 4 – 6 Minuten zu goldbraunen Waffeln backen.

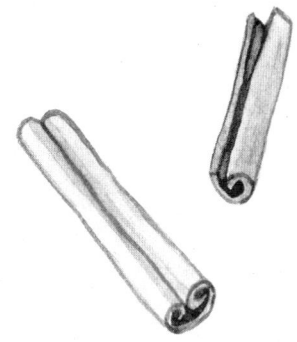

Einfach himmlisch

BANANEN-QUINOA-TORTE OHNE BACKEN

300 g weiße Kuvertüre
25 g Butter (1 ½ EL)
125 g Quinoaflakes
50 g Mandeln
500 g Schmand oder saure Sahne
2 Päckchen Sahnefestiger
1 ½ EL feiner Vollrohrzucker
½ TL gemahlene Bourbonvanille
6 mittelgroße Bananen
400 ml Sahne
1 TL Agar-Agar

- Boden und Rand einer Springform (Durchmesser 24 cm) mit Backpapier auskleiden. Etwas Backpapier extra zur Seite legen.
- Kuvertüre hacken und mit der Butter in einer Schüssel im Wasserbad bei mäßiger Hitze schmelzen. Quinoaflakes zugeben und gut vermengen. Mithilfe von zwei Teelöffeln zwölf kleine Häufchen (teelöffelgroß) von der Masse abnehmen und auf dem bereitgelegten Stück Backpapier fest werden lassen. Restliche Quinoa-Kuvertüre-Masse in die vorbereitete Backform geben und gleichmäßig zu einem Tortenboden verstreichen. Anschließend mindestens 1 Stunde kalt stellen und fest werden lassen.

Süßspeisen, Desserts und Naschereien

- Mandeln fein mahlen. Schmand oder saure Sahne mit Sahnefestiger, Zucker und Vanille verrühren. Gemahlene Mandeln unterrühren.
- 2 Bananen schälen und pürieren. In einem Topf Sahne mit Agar-Agar aufkochen und etwa 2 Minuten unter Rühren köcheln. Sahne vom Herd nehmen, Mandel-Schmand-Creme und Bananenpüree unterrühren. Die Bananencreme kalt stellen und etwas fest werden lassen.
- 4 Bananen schälen und der Länge nach halbieren. Die Hälfte der Bananencreme gleichmäßig auf dem Tortenboden verstreichen (den Tortenboden dafür in der Springform lassen). Mit den Bananenhälften belegen und die restliche Creme darauf verteilen.
- Die Torte mindestens 3 Stunden kalt stellen und die Creme fest werden lassen. Anschließend aus der Springform nehmen und vorsichtig das Backpapier unter dem Tortenboden entfernen (oder den Tortenboden vor dem Befüllen aus der Springform lösen, vorsichtig das Backpapier entfernen und den Ring der Springform zum Befüllen wieder um den Tortenboden legen).
- Die zur Seite gestellten Knusperhäufchen als Garnitur auf der Torte verteilen und die Torte servieren.

Einfach himmlisch

QUINOA-MÜSLI-TIRAMISU

250 g Magerquark
200 g Schmand oder saure Sahne
4 EL Agavendicksaft
2 EL Amaretto oder einige Tropfen Bittermandel-Aroma
5 EL Quinoa, gepufft
3 EL Reis, gepufft
2 EL Hirseflocken
2 TL Kakaopulver

- In einer Schüssel Quark mit Schmand oder saurer Sahne, Agavendicksaft und Amaretto oder Bittermandel-Aroma glatt rühren. Die Quarkcreme 1 Stunde kalt stellen und durchziehen lassen.
- In einer Schüssel gepuffte Quinoa, gepufften Reis und Hirseflocken vermischen.
- In vier Dessertgläser jeweils schichtweise abwechselnd Quinoamischung und Quarkcreme füllen. Mit einer Quarkschicht abschließen.
- Das Dessert anschließend 2 Stunden kalt stellen. Kurz vor dem Servieren mit Kakaopulver bestreuen.

TIPP: Schmeckt auch mit frischem Obst verfeinert sehr lecker!

Süßspeisen, Desserts und Naschereien

HIMBEERTERRINE

50 g Mandeln
1 ½ TL Agar-Agar
70 g feiner Vollrohrzucker
200 ml Sahne
400 g Joghurt
1 TL gemahlene Bourbonvanille
4 EL Quinoa, gepufft
400 g Himbeeren
2 EL Rohrohr-Puderzucker

- Mandeln hacken und in einer Pfanne ohne Fett goldbraun rösten. Auf einem Teller abkühlen lassen.
- Agar-Agar mit Zucker mischen. In einem Topf die Sahne aufkochen und die Zuckermischung langsam unter Rühren einrieseln lassen. 1 – 2 Minuten köcheln. Anschließend den Topf vom Herd nehmen und die Sahne etwas abkühlen lassen.
- Joghurt und Vanille unter die Sahnecreme rühren. Gepuffte Quinoa, gehackte Mandeln und gut die Hälfte der Himbeeren zur Joghurtsahne geben und unterheben. Eine kleine Dessertschüssel mit kaltem Wasser ausspülen. Die Creme einfüllen und abgedeckt mindestens 4 Stunden im Kühlschrank fest werden lassen.
- Währenddessen die restlichen Himbeeren mit Puderzucker pürieren. Zum Servieren die Terrine stürzen, in Stücke schneiden und mit den pürieren Himbeeren beträufeln.

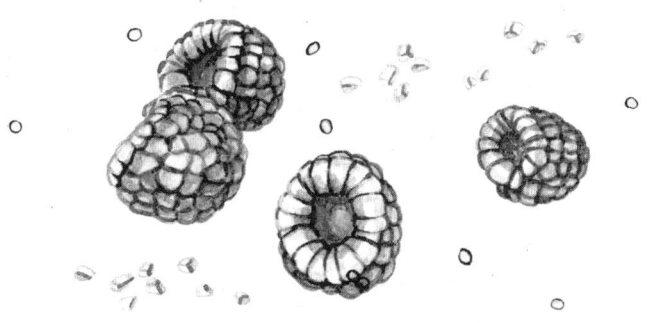

Einfach himmlisch

QUINOA-PREISELBEER-BECHER

50 g Zartbitterschokolade
100 g Quinoaflocken
100 g Mascarpone
2 EL feiner Vollrohrzucker
300 ml Sahne
250 g Preiselbeerkompott

- Schokolade raspeln. Geraspelte Schokolade mit Quinoaflocken vermischen und die Mischung gleichmäßig in vier Dessertgläser füllen.
- Mascarpone mit Zucker verrühren. Sahne steif schlagen. Zwei Drittel der geschlagenen Sahne unter die Mascarponecreme rühren.
- Zunächst die Mascarponecreme, dann das Preiselbeerkompott gleichmäßig auf die Quinoa-Schokoladen-Mischung in die Gläser geben. Mit der restlichen geschlagenen Sahne garnieren und vor dem Servieren eine Zeit lang im Kühlschrank durchziehen lassen.

Süßspeisen, Desserts und Naschereien

NUSSSPLITTER MIT GEPUFFTER QUINOA

Ergibt etwa 35 Stück

140 g Zartbitterkuvertüre
50 g Erdnüsse ohne Salz
60 g Datteln, entsteint
50 g Mandelstifte
8 EL Quinoa, gepufft

- Kuvertüre grob hacken und in einer Schüssel im Wasserbad bei mäßiger Hitze vorsichtig schmelzen.
- Die Erdnüsse grob hacken. Die Datteln klein schneiden.
- Gehackte Erdnüsse, Datteln, Mandelstifte und gepuffte Quinoa zur geschmolzenen Kuvertüre geben und vermischen. Mithilfe von zwei Teelöffeln kleine Häufchen der Masse auf Backpapier setzen und fest werden lassen.
- Fertige Nussplitter in einer Dose mit Deckel aufbewahren – falls etwas übrig bleibt.

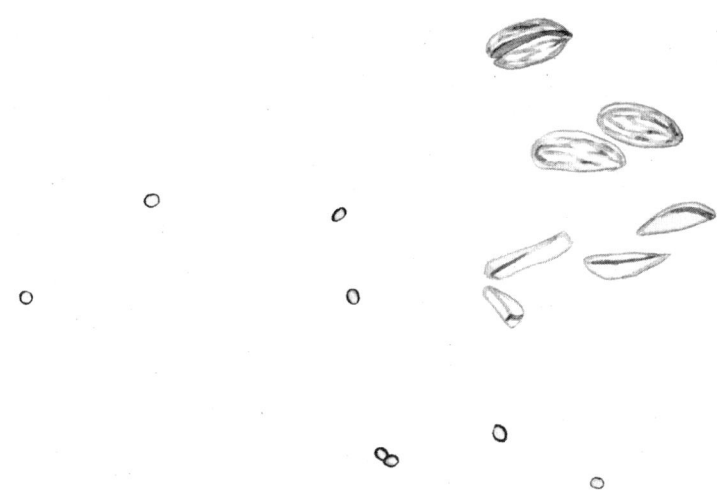

Einfach himmlisch

ITALIENISCHE QUINOA-MANDELLIKÖR-PRALINEN

Ergibt 40 Stück

100 g Quinoaflocken
75 ml Mandellikör (Amaretto) oder einige Tropfen Bittermandel-Aroma mit etwas Wasser (Menge entsprechend der Menge Amaretto)
150 g Vollmilchkuvertüre
200 g Zartbitterkuvertüre
25 g weiße Kuvertüre

- Quinoaflocken in eine Schüssel geben und mit Mandellikör oder Bittermandelaroma und Wasser verrühren.
- Vollmilchkuvertüre grob hacken und in einer Schüssel im Wasserbad bei mäßiger Hitze vorsichtig schmelzen. Quinoamasse dazugeben und gut verrühren. Die Masse auf Backpapier zu einem 20 × 10 cm großen Rechteck ausstreichen, kühl stellen und fest werden lassen.
- Die fest gewordene Platte in 2,5 × 2 cm große Stücke schneiden.
- Zum Überziehen die Zartbitterkuvertüre grob hacken und in einer Schüssel im Wasserbad bei mäßiger Hitze vorsichtig schmelzen. Die Pralinenstücke nacheinander mithilfe einer Pralinengabel in die flüssige Kuvertüre tauchen. Überzogene Pralinen auf ein Kuchen- oder Pralinengitter legen und die Schokolade fest werden lassen.
- Zum Verzieren die weiße Kuvertüre grob hacken und in einer Schüssel im Wasserbad bei mäßiger Hitze vorsichtig schmelzen. Die Pralinen mit der flüssigen Kuvertüre verzieren. Verzierung aushärten lassen und die fertigen Pralinen kühl aufbewahren.

Süßspeisen, Desserts und Naschereien

FEINE KNUSPERPRALINEN MIT GEPUFFTER QUINOA

Ergibt etwa 30 Stück

100 g Mandeln
350 g Vollmilchkuvertüre
100 g Butter
100 ml Sahne
60 g feiner Vollrohrzucker
¼ TL gemahlene Bourbonvanille
100 g Sesammus
1 frisches Eigelb
4 EL Quinoa, gepufft
300 g Zartbitterkuvertüre

- Mandeln hacken und in einer Pfanne ohne Fett goldbraun rösten. Auf einem Teller abkühlen lassen.
- Vollmilchkuvertüre grob hacken und mit Butter und Sahne in einer Schüssel im Wasserbad bei mäßiger Temperatur vorsichtig schmelzen. Zucker, Vanille, Sesammus und Eigelb dazugeben und kurz verrühren.
- Schüssel vom Wasserbad nehmen und die Schokoladenmischung glatt rühren. Abkühlen und anschließend im Kühlschrank fest werden lassen.
- Die fest gewordene Schokoladenmasse zu kirschgroßen Kugeln formen. In einer Schüssel die gehackten Mandeln mit gepuffter Quinoa mischen, die Kugeln darin wälzen und den Knusperbelag mit den Händen an den Kugeln festdrücken.
- Zartbitterkuvertüre grob hacken und in einer Schüssel im Wasserbad bei mäßiger Hitze vorsichtig schmelzen. Die Kugeln nacheinander vorsichtig mithilfe einer Pralinengabel in die flüssige Kuvertüre tauchen. Überzogene Pralinen auf ein Pralinen- oder Kuchengitter legen und die Schokolade fest werden lassen. Die fertigen Pralinen in einer Dose mit Deckel im Kühlschrank aufbewahren.

MIT LIEBE GEMACHT

BROT, BRÖTCHEN UND GEBÄCK

EINFACHES QUINOABROT

180 g weiße Quinoa, gemahlen
220 g Speisestärke
2 g Guarkernmehl (¼ – ⅓ TL)
1 TL feiner Vollrohrzucker
1 TL Meersalz
1 Würfel frische Hefe
etwa 300 ml Buttermilch, lauwarm
100 g Hirseflocken
1 EL Zuckerrübensirup
natives Kokosöl oder Butter für die Kastenbackform (Länge 25 cm)

➤ Quinoamehl mit Speisestärke, Guarkernmehl, Zucker und Salz vermengen. Hefe in einer großen Rührschüssel zerbröckeln, 4 EL der Mehlmischung und die lauwarme Buttermilch dazugeben und zu einem Brei verrühren. Diesen Vorteig an einem warmen Ort zugedeckt etwa 20 Minuten gehen lassen.

➤ Restliche Mehlmischung, Hirseflocken und Rübensirup zum Vorteig in die Schüssel geben und alles so lange verkneten, bis ein glatter Teig entstanden ist, der sich vom Schüsselrand löst.

➤ Eine Kastenbackform ausfetten und den Teig gleichmäßig einfüllen. An einem warmen Ort zugedeckt nochmals etwa 15 Minuten gehen lassen. Währenddessen den Backofen auf 200 °C (Ober- und Unterhitze) vorheizen. Eine feuerfeste Schüssel mit Wasser in den Ofen stellen.

➤ Das Brot im heißen Ofen (Mitte) 45 – 60 Minuten backen. Aus dem Ofen nehmen und in der Backform etwas abkühlen lassen. Dann auf ein Kuchengitter stürzen und das Brot vollständig abkühlen lassen.

Mit Liebe gemacht

ROSINEN-QUINOA-BRÖTCHEN

Ergibt 8 Stück

150 g Magerquark
3 frische Eier
100 g natives Kokosöl, weich
75 g feiner Vollrohrzucker
1 TL gemahlene Bourbonvanille
1 EL Meersalz
50 g Quinoa, gemahlen
50 g Reisvollkornmehl
200 g Speisestärke
2 TL Weinstein-Backpulver
2 gehäufte EL Rosinen (30 g)
3 EL Sahne oder 1 Eigelb, verquirlt

► Quark, Eier, weiches Kokosöl, Zucker, Vanille und Salz cremig rühren. Quinoamehl, Reismehl, Speisestärke, Backpulver und Rosinen zur Quarkcreme geben und alles zu einem glatten Teig verkneten.
► Ein Backblech mit Backpapier belegen und den Backofen auf 180 °C (Ober- und Unterhitze) vorheizen.
► Aus dem Teig acht gleich große Brötchen formen. Die Teigstücke auf das Backblech legen, mit Sahne oder Eigelb bestreichen und im heißen Ofen (Mitte) 20 – 25 Minuten backen.
► Fertig gebackene Brötchen auf einem Kuchengitter abkühlen lassen.

APFEL-ZIMT-MUFFINS

Ergibt 12 Stück

1 großer Apfel
eventuell Butter für das Muffin-Backblech
eventuell glutenfreies Vollkorn-Paniermehl für das Muffin-Backblech
130 g Speisestärke
70 g Reisvollkornmehl
50 g Mandelmehl
50 g Quinoaflocken
2 TL Weinstein-Backpulver
2 TL Zimt
125 g Butter, weich
120 g feiner Vollrohrzucker
3 frische Eier
Meersalz
150 ml Milch

- Apfel schälen, vierteln und das Kerngehäuse entfernen. Apfelviertel grob raspeln und in einem Sieb abtropfen lassen.
- Backofen auf 180 °C (Ober- und Unterhitze) vorheizen. Zwölf Muffin-Backblech-Mulden mit Papierförmchen auslegen (oder die Mulden mit Butter ausstreichen und mit Paniermehl ausstreuen).
- Speisestärke, Reismehl, Mandelmehl, Quinoaflocken, Backpulver und Zimt in einer Schüssel vermischen.
- In einer zweiten Rührschüssel Butter mit Zucker schaumig rühren. Eier trennen. Eigelb nach und nach zur Butter-Zucker-Creme geben und glatt rühren. Eiweiß mit 1 Prise Salz steif schlagen.
- Mehlmischung abwechselnd mit der Milch zur Eigelbmasse geben und gut verrühren. Anschließend die Apfelraspel, dann den Eischnee vorsichtig unter den Teig heben. Den Teig gleichmäßig in die vorbereiteten Mulden des Backblechs füllen und im heißen Ofen (Mitte) etwa 20 Minuten backen.
- Fertig gebackene Muffins in der Form auf einem Kuchengitter abkühlen lassen. Erst dann vorsichtig aus der Form lösen.

Mit Liebe gemacht

QUINOA-MOHN-SCHNECKEN

Ergibt etwa 20 Stück

150 g Magerquark
120 ml Milch
80 g natives Kokosöl, weich
2 EL feiner Vollrohrzucker
1 Prise Meersalz
180 g Speisestärke
70 g Reisvollkornmehl
50 g Quinoa, gemahlen
1 TL Pfeilwurzstärke
2 TL Weinstein-Backpulver
Reismehl oder Quinoamehl für die Arbeitsfläche

Füllung:
1 Päckchen Vanillepuddingpulver
¼ l Milch
2 EL feiner Vollrohrzucker
120 g Magerquark
125 g Mohn, gemahlen

Glasur:
100 g Rohrohr-Puderzucker
2 EL Wasser, heiß

➤ Quark, Milch, weiches Kokosöl, Zucker und Salz cremig rühren. Speisestärke, Reismehl, Quinoamehl, Pfeilwurzstärke und Backpulver zur Quarkcreme geben und alles zu einem glatten Teig verkneten. Den Teig 15 Minuten ruhen lassen.
➤ Für die Füllung das Puddingpulver mit etwas Milch glatt rühren. Die restliche Milch mit dem Zucker in einem Topf erhitzen. Angerührtes Puddingpulver einrühren und kurz aufkochen. Den Topf vom Herd nehmen, Quark und gemahlenen Mohn unterrühren. Die Puddingmasse etwas abkühlen lassen.

Brot, Brötchen und Gebäck

- Den Teig auf einer leicht bemehlten Arbeitsfläche zu einem etwa 60 × 20 cm großen Rechteck von 0,5 cm Dicke ausrollen. Puddingmasse gleichmäßig auf dem Teig verstreichen, dabei rundum einen schmalen Rand freilassen. Den Teig von der Längsseite her aufrollen. Die Rolle in 3 cm breite Stücke schneiden.
- Backofen auf 200 °C (Ober- und Unterhitze) vorheizen und ein Backblech mit Backpapier belegen. Die Teigstücke auf das Blech legen und im heißen Ofen (Mitte) 15 – 20 Minuten backen.
- Die fertig gebackenen Mohnschnecken vorsichtig vom Blech auf ein Kuchengitter legen. Für die Glasur Puderzucker und Wasser verrühren und die Mohnschnecken noch warm damit bestreichen. Anschließend auf dem Kuchengitter vollständig abkühlen lassen.

Mit Liebe gemacht

ERDBEERTÖRTCHEN

Ergibt 6 Stück

eventuell Butter für die Tortelett-Förmchen (Durchmesser etwa 10 cm)
eventuell glutenfreies Vollkorn-Paniermehl für die Förmchen
80 g Butter, weich
80 g feiner Vollrohrzucker
1 TL gemahlene Bourbonvanille
1 frisches Ei
1 frisches Eigelb
80 ml Sahne
60 g Speisestärke
20 g Quinoa, gemahlen (2 EL)
1 TL Weinstein-Backpulver
500 g Erdbeeren
1 Päckchen Tortenguss
200 ml Wasser

➤ Backofen auf 175 °C (Ober- und Unterhitze) vorheizen. Sechs Tortelett-Förmchen mit Papierförmchen auslegen (oder die Förmchen mit Butter ausstreichen und mit Paniermehl ausstreuen).
➤ Butter, Zucker und Vanille schaumig rühren. Ei, Eigelb und Sahne zugeben und gut verrühren. Nach und nach Speisestärke, Quinoamehl und Backpulver zur Butter-Eier-Creme geben und alles zu einem glatten Teig verrühren.
➤ Den Teig gleichmäßig in die vorbereiteten Tortelett-Förmchen füllen, auf ein Backblech oder einen Backrost stellen und im heißen Ofen (Mitte) 15 – 20 Minuten backen.
➤ Die Förmchen aus dem Ofen nehmen und etwas abkühlen lassen. Anschließend die Törtchen aus den Formen heben und in den Papierförmchen auf einem Kuchengitter abkühlen lassen.

Brot, Brötchen und Gebäck

- Erdbeeren putzen und in Scheiben schneiden. Erdbeerscheiben auf den Torteletts verteilen. In einem Topf den Tortenguss mit Wasser verrühren. Zum Kochen bringen und unter ständigem Rühren kurz aufkochen. Den Topf vom Herd nehmen und den Guss über die Törtchen verteilen. Den Guss fest werden lassen.

Mit Liebe gemacht

MÖHREN-WALNUSS-KUCHEN

250 g Mandeln
150 g Walnüsse
250 g Möhren
Butter für die Springform (Durchmesser 24 cm)
glutenfreies Vollkorn-Paniermehl für die Springform
4 frische Eier
200 g feiner Vollrohrzucker
3 EL Milch
50 g Speisestärke
30 g Quinoaflocken (3 EL)
1 TL Zimt
2 TL Weinstein-Backpulver
Meersalz
Roh-Rohrpuderzucker zum Bestreuen

- ➤ Mandeln fein mahlen. Walnüsse sehr fein hacken. Möhren putzen und fein raspeln. Backofen auf 180 °C (Ober- und Unterhitze) vorheizen. Eine Springform mit Butter ausfetten und mit Paniermehl ausstreuen.
- ➤ Eier trennen. Eigelb mit Zucker schaumig rühren. Milch und geraspelte Möhren dazugeben und gut vermischen. Gemahlene Mandeln, Speisestärke, Quinoaflocken, Zimt, Backpulver und 1 Prise Salz zugeben und alles zu einem glatten Teig verrühren.
- ➤ Eiweiß mit 1 Prise Salz steif schlagen. Gehackte Walnüsse und Eischnee vorsichtig unter die Teigmasse ziehen.
- ➤ Den Teig in die vorbereitete Form füllen und im heißen Ofen (Mitte) 50 – 60 Minuten backen. Den Kuchen aus dem Ofen nehmen und in der Form auf einem Kuchengitter abkühlen lassen. Erst dann aus der Form lösen.
- ➤ Den Kuchen vor dem Servieren mit Puderzucker bestreuen.

SCHOKOLADEN-QUINOA-KUCHEN MIT HIMBEEREN

200 g Mandeln
4 frische Eier
250 g Butter, weich
250 g feiner Vollrohrzucker
Meersalz
50 g Speisestärke
20 g Quinoaflocken (2 EL)
80 g Kakaopulver
300 g Himbeeren
Rohrohr-Puderzucker zum Bestreuen

- Mandeln fein mahlen. Backofen auf 175 °C (Ober- und Unterhitze) vorheizen. Eine Springform (Durchmesser 26 cm) mit Backpapier auslegen.
- Eier trennen. Butter und Zucker schaumig rühren. Eigelb nach und nach zur Butter-Zucker-Masse geben und gut verrühren. Eiweiß mit 1 Prise Salz steif schlagen.
- Gemahlene Mandeln, Speisestärke, Quinoaflocken und Kakaopulver zur Butter-Eigelb-Creme geben und gut verrühren. Himbeeren und Eischnee vorsichtig unter die Teigmasse ziehen.
- Den Teig in die vorbereitete Form füllen und im heißen Ofen (Mitte) 45 – 50 Minuten backen. Den Kuchen aus dem Ofen nehmen und in der Form auf einem Kuchengitter abkühlen lassen. Erst dann aus der Form lösen.
- Den Kuchen vor dem Servieren mit Puderzucker bestreuen.

Mit Liebe gemacht

FEINE QUINOA-WAFFELKEKSE

Ergibt 20 Stück

30 g Butter, weich (2 EL)
1 ½ EL feiner Vollrohrzucker
1 TL gemahlene Bourbonvanille
1 frisches Ei
85 g Speisestärke
40 g Quinoa, gemahlen (4 EL)
1 TL Weinstein-Backpulver
Butter für das Waffeleisen
50 g Zartbitterkuvertüre

➤ Butter mit Zucker und Vanille schaumig rühren. Das Ei dazugeben und verrühren. Speisestärke, Quinoamehl und Backpulver dazugeben und gleichmäßig unterrühren. Zum Schluss die Masse mit den Händen verkneten. Den Teig in 20 gleich große Stücke teilen und zu Kugeln formen.

➤ Das Waffeleisen mit etwas Butter auspinseln und vorheizen. Die Teigkugeln nacheinander in die Mitte des heißen Waffeleisens legen und goldbraun backen. Auf einem Kuchengitter abkühlen lassen.

➤ Kuvertüre grob hacken und in einer Schüssel im Wasserbad bei mäßiger Hitze vorsichtig schmelzen. Die abgekühlten Waffelkekse zur Hälfte in die geschmolzene Kuvertüre tauchen, auf ein Kuchengitter legen und die Schokolade fest werden lassen.

FRÜHSTÜCKSKEKSE

Ergibt etwa 20 Stück

50 g Mandeln
100 g weiße Quinoa, gemahlen
100 g Speisestärke
50 g Teffmehl
1 TL Weinstein-Backpulver
2 g Johannisbrotkernmehl (¼ – ⅓ TL)
30 g glutenfreie Haferflocken (3 EL)
2 gehäufte EL getrocknete Cranberrys (30 g)
120 g feiner Vollrohrzucker
125 g Butter
1 frisches Ei

- ➤ Mandeln hacken.
- ➤ In einer Schüssel Quinoamehl, Speisestärke, Teffmehl, Backpulver und Johannisbrotkernmehl mischen. Gehackte Mandeln, Haferflocken und Cranberrys untermischen. Zucker, Butter in Flöckchen und Ei dazugeben und alles zu einem glatten Teig verkneten.
- ➤ Den Teig zu einer rechteckigen Stange von 6 × 3 cm Querschnitt formen und abgedeckt etwa 2 Stunden im Kühlschrank ruhen lassen.
- ➤ Backofen auf 180 °C (Ober- und Unterhitze) vorheizen und ein Backblech mit Backpapier belegen. Den gekühlten Teig in 3 – 5 mm dicke Scheiben schneiden. Die Scheiben auf das Blech legen und im heißen Ofen (Mitte) etwa 12 Minuten backen.
- ➤ Fertig gebackene Kekse auf einem Kuchengitter abkühlen lassen.

Mit Liebe gemacht

ZITRONENPLÄTZCHEN MIT GEPUFFTER QUINOA

Ergibt etwa 20 Stück

50 g Mandeln
1 ungespritzte Bio-Zitrone
100 g Speisestärke
1 TL Weinstein-Backpulver
120 g feiner Vollrohrzucker
1 Prise Meersalz
100 g Butter
2 frische Eigelb
6 EL Quinoa, gepufft
etwa 50 g Vollrohrzucker zum Wälzen

- ▶ Mandeln mahlen. Zitrone mit heißem Wasser abwaschen, abtrocknen und die Schale fein abreiben.
- ▶ In einer Schüssel gemahlene Mandeln, Speisestärke und Backpulver mischen. Zitronenschalenabrieb, Zucker, Salz, Butter in Flöckchen und Eigelb dazugeben und alles zu einem glatten Teig verkneten. Gepuffte Quinoa dazugeben gleichmäßig unterkneten.
- ▶ Den Teig zu einer 3 cm dicken Rolle formen und abgedeckt etwa 2 Stunden im Kühlschrank ruhen lassen.
- ▶ Backofen auf 180 °C (Ober- und Unterhitze) vorheizen und ein Backblech mit Backpapier belegen. Die gekühlte Teigrolle aus dem Kühlschrank nehmen, im Zucker wälzen und in 0,5 cm dicke Scheiben schneiden. Die Scheiben auf das Blech legen und im heißen Ofen (Mitte) etwa 12 Minuten backen.
- ▶ Fertig gebackene Plätzchen auf einem Kuchengitter abkühlen lassen.

WALNUSS-COOKIES

Ergibt etwa 10 große Stück

140 g Walnüsse
100 g weiße Kuvertüre
140 g Butter, weich
100 g feiner Vollrohrzucker
1 frisches Ei
200 g Speisestärke
30 g Quinoaflocken (3 EL)
1 TL Weinstein-Backpulver
1 TL gemahlene Bourbonvanille
1 Prise Meersalz
2 gehäufte EL getrocknete Cranberrys (30 g)

- 40 g Walnüsse fein mahlen. Restliche Walnüsse und Kuvertüre klein hacken. Backofen auf 180 °C (Ober- und Unterhitze) vorheizen und ein Backblech mit Backpapier belegen.
- In einer großen Schüssel Butter und Zucker schaumig rühren. Das Ei dazugeben und unterrühren. Speisestärke, gemahlene Walnüsse, Quinoaflocken, Backpulver, Vanille und Salz dazugeben und zu einem glatten Teig verkneten.
- Gehackte Walnüsse, gehackte Kuvertüre und Cranberrys unter den Teig kneten. Den Teig mithilfe von zwei Esslöffeln in esslöffelgroßen Portionen auf das Blech setzen und mit dem Löffelrücken oder der Hand etwas flach drücken. Im heißen Ofen (Mitte) 12 – 15 Minuten backen.
- Fertig gebackene Kekse auf einem Kuchengitter abkühlen lassen.

Mit Liebe gemacht

GEFÜLLTES DATTEL-QUINOA-GEBÄCK

Ergibt etwa 30 Stück

200 g Speisestärke
50 g Quinoa, gemahlen
50 g Reisvollkornmehl
1 TL Weinstein-Backpulver
100 g feiner Vollrohrzucker
200 g Butter
1 frisches Ei
1 TL Wasser
Quinoamehl oder Reismehl
  für die Arbeitsfläche

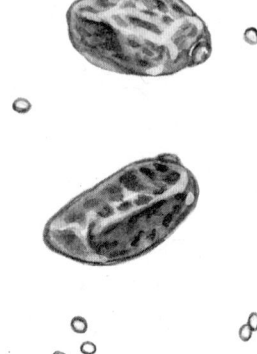

Füllung:
200 g Datteln, entsteint
70 g Mandeln
2 EL Wasser
½ TL Orangenblütenwasser

Zum Bestreichen:
1 frisches Ei
1 EL Milch

> In einer großen Schüssel Speisestärke, Quinoamehl, Reismehl und Backpulver mischen. Zucker, Butter in Flöckchen, Ei und Wasser dazugeben und alles zu einem glatten Teig verkneten. Den Teig abgedeckt etwa 2 Stunden im Kühlschrank ruhen lassen.

- ➤ Inzwischen für die Füllung Datteln und Mandeln fein hacken. Wasser und Orangenblütenwasser dazugeben und gleichmäßig vermengen.
- ➤ Backofen auf 180 °C (Ober- und Unterhitze) vorheizen und ein Backblech mit Backpapier belegen. Den gekühlten Teig auf einer leicht bemehlten Arbeitsfläche 3 mm dünn ausrollen. Mit einem Glas (Durchmesser etwa 7 cm) Kreise ausstechen.
- ➤ Das Ei trennen. Eigelb mit Milch verrühren. Eiweiß mit einer Gabel leicht verquirlen. Die eine Hälfte jedes Teigkreises mit etwas Dattelmischung belegen. Dabei einen Rand frei lassen und diesen mit Eiweiß bestreichen. Jeweils die andere Hälfte des Teigkreises über die Füllung legen und die Ränder fest andrücken. Die Teigstücke mit der Eigelbmischung bestreichen und auf das Backblech legen. Im heißen Ofen (Mitte) 15 – 20 Minuten goldbraun backen (aufpassen, die Gebäckstücke sind nicht sehr dick).
- ➤ Fertig gebackene Stücke auf einem Kuchengitter abkühlen lassen.

Mit Liebe gemacht

BUNTE FEIERABENDCRACKER

180 g Greyerzer
150 g Speisestärke
50 g Quinoa, gemahlen
50 g Reisvollkornmehl
1 TL Weinstein-Backpulver
1 TL Paprikapulver
1 TL Meersalz
150 g Butter
1 EL Schmand oder saure Sahne
Quinoamehl oder Reismehl für die Arbeitsfläche
2 frische Eigelb
1 TL Sesam
1 TL Schwarzkümmelsamen
1 TL Kümmelsamen
1 TL Mohn

- Greyerzer fein reiben.
- In einer großen Schüssel Speisestärke, Quinoamehl, Reismehl, Backpulver, Paprikapulver, Salz und geriebenen Greyerzer vermengen. Butter in Flöckchen und Schmand oder saure Sahne dazugeben und alles zu einem glatten Teig verkneten. Den Teig abgedeckt etwa 2 Stunden im Kühlschrank ruhen lassen.
- Backofen auf 180 °C (Ober- und Unterhitze) vorheizen und ein Backblech mit Backpapier belegen. Den gekühlten Teig auf einer leicht bemehlten Arbeitsfläche 0,5 cm dick ausrollen. Nach Belieben verschiedene Formen ausstechen oder den Teig in Stücke schneiden.
- Das Eigelb verquirlen. Die Teigstücke auf das vorbereitete Backblech legen, mit Eigelb bestreichen und abwechselnd mit Sesam, Schwarzkümmel, Kümmel und Mohn bestreuen. Im heißen Ofen (Mitte) 12 – 15 Minuten backen.
- Fertig gebackene Cracker auf einem Kuchengitter abkühlen lassen.

HERZHAFTE QUINOAKRINGEL

Ergibt etwa 50 Stück

100 g Speisestärke
35 g Quinoa, zu Grieß gemahlen (2 ½ EL)
1 TL gemahlener Anis
Meersalz
2 EL Olivenöl
2 frische Eier
3 EL Weißwein oder Apfelsaft

➤ In einer Schüssel Speisestärke, Quinoagrieß, Anis und ½ TL Salz mischen. Olivenöl, Eier und Weißwein oder Apfelsaft dazugeben und alles zu einem festen Teig verkneten. Den Teig abgedeckt etwa 30 Minuten kühl gestellt ruhen lassen.
➤ Backofen auf 200 °C (Ober- und Unterhitze) vorheizen und ein Backblech mit Backpapier belegen. In einem Topf reichlich Wasser mit etwas Salz erhitzen. Aus dem Teig 1 cm dicke Rollen formen. Die Rollen in etwa 8 cm lange Stücke schneiden, jeweils zu einem Kringel zusammenlegen und die Enden leicht zusammendrücken.
➤ Die Kringel portionsweise im heißen Wasser garen, bis sie an die Oberfläche steigen. Mit einer Schaumkelle aus dem Wasser heben, gut abtropfen lassen und auf das vorbereitete Backblech legen. Im heißen Ofen (Mitte) 25 – 30 Minuten goldbraun backen. Würzt man die Kringel anstelle von Anis mit (getrockneten) Zwiebeln und Kräutern und lässt sie 5 Minuten länger im Ofen, erhält man leckere Knusperringe!
➤ Fertig gebackene Kringel auf einem Kuchengitter abkühlen lassen.

DIE AUTORIN

Anja Völkel lebt mit ihrer Familie bei Kiel. Durch jahrelange Mitarbeit in einer Apotheke mit Ernährungsberatung konnte die Autorin ihr Wissen über gesunde Ernährung vertiefen. Die damit verbundene schmackhafte Zubereitung der Lebensmittel ist für sie der Schlüssel zu Gesundheit und Wohlbefinden. Sie legt besonderen Wert darauf, dass ihre Zubereitungen problemlos gelingen und allen Beteiligten Freude machen.

Im pala-verlag ist von ihr außer diesem Buch der Titel »Zauberhafte Weihnachtsbäckerei – glutenfrei« erschienen.

VERZEICHNIS DER REZEPTE

Ananas-Pfirsich-Creme 56
Apfel-Kompott mit Pfannkuchen 137
Apfel-Zimt-Muffins 155
Aprikosen-Buchteln 132
Artischocken-Quiche 76
Auberginen-Quinoa-Püree 32
Auberginentürmchen
   mit Quinoa-Bolognese ....,.. 74
Avocado-Dip mit Quinoa-Bällchen 50
Avocados mit Quinoafüllung 103

Bananen-Quinoa-Brei 43
Bananen-Quinoa-Torte ohne Backen 144
Baumkuchen mit Rotweinzwiebeln 66
Birnen-Schoko-Brei 44
Blumenkohl-Brokkoli-Suppe 110
Bohnen-Quinoa-Kroketten 52
Bohnen-Quinoa-Salat 124
Bolognese à la Quinoa
   mit Auberginentürmchen 74
Bolognese à la Quinoa
   mit Gemüse-Tagliatelle 98
Brokkoli-Blumenkohl-Suppe 110
Brokkoli-Pistazien-Pesto mit Quinoa 101
Brötchen mit Rosinen 154
Buchteln mit Aprikosen 132
Buchweizen-Quinoa-Müsli 38
Bunte Feierabendcracker 168

Champignons, gefüllt 72
Chili con Quinoa 96
Cookies 165
Cracker 168
Cranberry-Knuspermüsli 41

Crêpes mit Quark 136
Curry-Ketchup mit Gaunerschaschlik 90

Dattel-Quinoa-Gebäck, gefüllt 166
Dattel-Walnuss-Müsli 39
Dessert-Käsekuchen mit Mandarinen ... 139
Dessert-Quittentörtchen 140

Einfaches Quinoabrot 153
Erbsen-Quinoa-Salat 127
Erdbeertörtchen 158
Erdnuss-Quinoa-Bällchen 50
Erdnuss-Quinoa-Riegel 47

Falafel mit Quinoa 49
Flammkuchen mit Ziegenkäse 80
Fruchtige Quinoa-Pausenriegel 45
Frühlingssalat 120
Frühstückskekse 163

Gaunerschaschlik mit Curry-Ketchup 90
Gefüllte Avocados vom Grill 103
Gefüllte Champignons 72
Gefüllte Knödel mit Spitzkohlgemüse 92
Gefüllte Paprika mit Pak Choi 83
Gefüllte Teigtaschen auf Gemüsebett 88
Gefüllte Weinblätter 70
Gefülltes Dattel-Quinoa-Gebäck 166
Gegarte Quinoa, Grundrezept 29
Gegrillte Kräutereier 94
Gemüsegratin mit Quinoa 68
Gemüse-Tagliatelle
   mit Quinoa-Bolognese 98
Grießauflauf mit Quinoa 131

Verzeichnis der Rezepte

Grießklößchensuppe 105
Grillburger 58
Grillgemüse mit Quinoa 102
Gyros à la Quinoa aus dem Ofen 53

Herzhafte Quinoakringel 169
Herzhafter Quinoa-Baumkuchen
    mit Rotweinzwiebeln 66
Himbeer-Schokoladen-Kuchen 161
Himbeerterrine 147
Hirse-Quinoa-Kokos-Müsli 37

Italienische Linsen-Quinoa-Suppe 114
Italienische
    Quinoa-Mandellikör-Pralinen 150

Joghurt-Zucchini-Suppe
    mit roter Quinoa 106
Johannisbeersauce 138

Kartoffel-Quinoa-Knödel
    mit Spitzkohlgemüse 92
Kartoffel-Quinoa-Püree 31
Kartoffelsalat
    mit Linsen und Pfifferlingen 122
Käsekuchen mit Mandarinen 139
Käsespätzle mit Quinoa 61
Kichererbseneintopf 115
Kichererbsen-Quinoa-Taler 56
Kichererbsen-Zucchini-Gemüse 102
Kirschen mit Quinoa-Quark-Knödeln 134
Knuspermüsli mit Cranberrys 41
Knuspermüsli 40
Knusperpralinen 151
Kokos-Quinoa-Hirse-Müsli 37
Kräftiger Herbsteintopf 111

Kräutereier, gegrillt 94
Kroketten mit Quinoa 52
Kürbis-Quinoa-Suppe 109
Kürbis-Quinotto 97

Lasagne mit Quinoafüllung 64
Lauch-Möhren-Kuchen 78
Linsen mit Quinoanudeln 86
Linsen-Kartoffel-Pfifferlings-Salat 122
Linsen-Quinoa-Speise 95
Linsen-Quinoa-Suppe 114

Mandarinen-Käsekuchen 139
Mandel-Quinoa-Suppe 112
Mango-Quinoa-Salat 128
Maronen-Quinoa-Wirsing-Päckchen 84
Mediterrane
    Blumenkohl-Brokkoli-Suppe 110
Meerrettich-Rote-Bete-Salat 123
Melonen-Quinoa-Salat 129
Mexikanischer Quinoa-Bohnen-Salat ... 124
Milchquinoa 34
Mohn-Quinoa-Schnecken 156
Möhren-Lauch-Kuchen 78
Möhren-Quinoa-Curry 100
Möhren-Walnuss-Kuchen 160
Moussaka mit Quinoa 62

Nizza-Salat mit Quinoa 126
Nudeln aus Quinoamehl mit Linsen 86
Nusssplitter mit gepuffter Quinoa 149
Nusswaffeln mit gepuffter Quinoa 142

Okraschotensuppe 108
Orientalischer Kichererbseneintopf 115
Orientalischer Quinoa-Erbsen-Salat 127

Verzeichnis der Rezepte

Paprika mit Pak Choi, gefüllt 83
Paprika-Quinoa-Salat 118
Petersilien-Tomaten-Salat 119
Pfannkuchen mit Apfel-Kompott 137
Pfannkuchen-Lasagne
  mit Quinoafüllung 64
Pfifferlings-Kartoffel-Salat mit Linsen ... 122
Pfirsich-Ananas-Creme 56
Pistazien-Brokkoli-Pesto mit Quinoa 101
Porridge mit Himbeeren und Pistazien.... 42
Powerriegel 46
Pralinen mit gepuffter Quinoa 151
Pralinen mit Mandellikör 150
Preiselbeer-Quinoa-Becher 148

Quarkknödel mit Gewürzkirschen 134
Quarkplätzchen mit Johannisbeeren..... 138
Quinoa-Auberginen-Püree 32
Quinoa-Bananen-Brei 43
Quinoa-Bananen-Torte 144
Quinoa-Bohnen-Kroketten 52
Quinoa-Bohnen-Salat 124
Quinoabrot 153
Quinoa-Buchteln mit Aprikosen 132
Quinoa-Buchweizen-Müsli
  mit Nüssen und Schokolade 38
Quinoa-Chili 96
Quinoa-Erbsen-Salat 127
Quinoa-Erdnuss-Bällchen 50
Quinoa-Erdnuss-Riegel 47
Quinoa-Falafel 49
Quinoaflockenbrei 33
Quinoa-Gemüse-Gratin 68
Quinoagrießauflauf 131
Quinoagrießbrei 35
Quinoa-Grillburger 58
Quinoa-Grillgemüse 102

Quinoa-Hirse-Müsli mit Kokosnuss 37
Quinoa-Kartoffel-Knödel
  mit Spitzkohlgemüse 92
Quinoa-Kartoffel-Püree 31
Quinoa-Kichererbsen-Taler
  mit Pfirsich-Ananas-Creme 56
Quinoa-Knusperpralinen 151
Quinoakringel 169
Quinoa-Kürbis-Suppe 109
Quinoa-Linsen-Speise 95
Quinoa-Linsen-Suppe 114
Quinoa-Mandellikör-Pralinen 150
Quinoa-Mandel-Suppe 112
Quinoa-Mango-Salat 128
Quinoa-Melonen-Salat 129
Quinoa-Mohn-Schnecken 156
Quinoa-Möhren-Curry 100
Quinoa-Moussaka 62
Quinoa-Müsli-Tiramisu 146
Quinoanudeln mit Linsen 86
Quinoa-Nusssplitter 149
Quinoa-Nuss-Waffeln 142
Quinoa-Paprika-Salat 118
Quinoapfannkuchen
  mit Apfel-Rosinen-Kompott 137
Quinoa-Porridge
  mit Himbeeren und Pistazien 42
Quinoa-Preiselbeer-Becher 148
Quinoa-Quark-Knödel
  mit Gewürzkirschen 134
Quinoa-Quark-Plätzchen
  mit Johannisbeersauce 138
Quinoarollen mit Schafskäsecreme 54
Quinoa-Rosinen-Brötchen 154
Quinoasalat nach Art Tabouté 117
Quinoasalat nach Nizza Art 126
Quinoa-Soufflé im Wirsingbett 73

Verzeichnis der Rezepte

Quinoaspätzle mit Käse 61
Quinoa-Waffelkekse 162
Quinoa-Walnuss-Müsli mit Datteln 39
Quinoa-Zimt-Waffeln 143
Quinoa-Zitronen-Crêpes mit Quark 136
Quinoa-Zitronen-Plätzchen 164
Quittentörtchen mit Vanillesauce 140

Riesenbohnen-Tomaten-Eintopf 113
Rosinen-Quinoa-Brötchen 154
Rote Quinoa
 mit Brokkoli-Pistazien-Pesto 101
Rote-Bete-Salat
 mit Walnüssen und Meerrettich 123
Rotweinzwiebeln
 mit Quinoa-Baumkuchen 66

Schafskäsecreme
 mit Quinoabratlingen 54
Schnelle Linsen-Quinoa-Speise 95
Schoko-Birnen-Brei 44
Schoko-Buchweizen-Müsli 38
Schokoladen-Quinoa-Kuchen
 mit Himbeeren 161
Soufflé mit Quinoa im Wirsingbett 73
Spitzkohl-Flammkuchen
 mit Ziegenkäse 80
Spitzkohlgemüse mit Knödeln 92
Süße Milchquinoa 34
Süßer Melonen-Quinoa-Salat 129
Süßer Quinoaflockenbrei 33
Süßer Quinoagrießbrei 35

Taboulé-Salat mit Quinoa 117
Teigtaschen auf Gemüsebett, gefüllt 88
Tiramisu aus Müsli mit Quinoa 146
Tomaten-Petersilien-Salat 119
Tomaten-Riesenbohnen-Eintopf 113
Tomatensuppe
 mit gerösteten Quinoaflocken 107

Vanillesauce mit Quittentörtchen 140
Vegetarisches Quinoa-Ofengyros 53

Waffelkekse 162
Walnuss-Cookies 165
Walnuss-Dattel-Müsli 39
Walnuss-Möhren-Kuchen 160
Walnuss-Rote-Bete-Salat 123
Weinblätter, gefüllt 70
Wirsinggemüse mit Quinoa-Soufflé 73
Wirsingpäckchen
 mit Quinoa-Maronen-Füllung 84

Ziegenkäse-Spitzkohl-Flammkuchen 80
Zimt-Apfel-Muffins 155
Zimt-Quinoa-Waffeln 143
Zitronenplätzchen
 mit gepuffter Quinoa 164
Zitronen-Quinoa-Crêpes 136
Zucchini-Joghurt-Suppe
 mit roter Quinoa 106
Zucchini-Kichererbsen-Gemüse
 vom Grill mit Quinoa 102
Zwiebel-Balsamico-Sauce 58

WEITERE BÜCHER AUS DEM PALA-VERLAG

Anja Völkel:
Zauberhafte Weihnachtsbäckerei – glutenfrei
ISBN: 978-3-89566-338-3

Simone Stefka:
Glutenfrei backen
ISBN: 978-3-89566-226-3

Irmela Erckenbrecht:
Teenager auf Veggiekurs
ISBN: 978-3-89566-321-5

Natalie Faßmann:
Das Indianerbeet
ISBN: 978-3-89566-351-2

Gesamtverzeichnis bei:
pala-verlag, Rheinstraße 35, 64283 Darmstadt, www.pala-verlag.de

ISBN: 978-3-89566-350-5
© 2015: pala-verlag,
Rheinstraße 35, 64283 Darmstadt
www.pala-verlag.de

Alle Rechte vorbehalten

Umschlag- und Innenillustrationen: Kirsten Maria Peter

Lektorat: Angelika Eckstein

Druck und Bindung: CPI books GmbH, Leck
Printed in Germany

Dieses Buch ist auf Papier aus 100 % Recyclingmaterial gedruckt.